しあわせな二人

引田かおり
ターセン

ターセン＝引田保
１９４７年東京・目黒区生まれ。亥年、Ｂ型。
モーレツビジネスマンとして団塊の世代のトップを走り続けたのち、52歳でリタイア。

カーリン＝引田かおり
１９５８年東京・目黒区生まれ。戌年、Ｂ型。
元・専業主婦。

２００３年東京・吉祥寺にパン屋「ダンディゾン」、
ギャラリー「フェブ」をオープン。
それぞれ本名をもじったあだ名「ターセン」「カーリン」を名乗るようになる。

はじめに

人生の前半は、学校の入学や卒業、就職や結婚、子どもの誕生と、
ビッグイベントで彩られていて、本当に忙しい。
来る日も来る日も仕事に明け暮れて、あわただしい年月を過ごし
「ああ、早くいろんな役目を終えて、好きなときに好きなことができる
そんな人生の後半が待ち遠しい」と憧れたりする。
でもいざそのときを迎えてみると、予想に反してもの足りない時間の積み重なりで、
あたふたと何かで埋めたくなってしまう。

そんな時間を過ごしてきた僕たち二人は、ようやく当たり前のことに気付き始めている。
誰かがしあわせを運んできてくれるわけでも、しあわせにしてくれるわけでもなく、
それはいつも、自分たちの足元に、内側に、しっかりあって、
大切に育てられるかどうかは、自分たち次第だってこと。

「静かで、退屈な日常」は、実はとんでもなくかけがえがなくて、
「ごはんが美味しい」とか「家でくつろげる」とか、そういうことが
本当のしあわせだということ。

この年になるとよく分かる。日常のささいな出来事に一喜一憂しながらも、
「いいこと」「悪いこと」を、区別しなくていいことを。
表面上はマイナスに見えるような苦労や困難も、何年かあとに振り返れば
「あの出来事があったからこそ、今の自分がある」と、気付けたりするんだね。
自分たちの変化にワクワクしながら、「年を取るのも悪くないかなあ」
そんな風に思えるようになってきた。

自分自身が「しあわせだ」と思うことでしか、本当のしあわせは得られない。
この本では、僕たちが「しあわせに暮らす」ための心掛けや工夫を紹介しています。
手に取ってくださった方々が、自分の暮らしを見つめるきっかけになったり、
しあわせに暮らすヒントが見つかれば、こんなにうれしいことはありません。
T

JAPANESE DESIGN

ギャラリー「フェブ」のオフィス。展らん会期中以外も、二人で長い時間をここで一緒に過ごします。

結婚したあと、「何だか近くで生まれたんだね」と驚いたけど、私は2歳で東京から博多へ引っ越すので、その点と点が交差したのはやっぱりキセキなのかもしれません。住んでいた目黒駅前が区画整理になり、代替地として原宿や自由が丘を提案されるも、「そんな田舎は嫌だ！」と博多へ行くんですから、想像力のない両親だったのは明白です。

ターセンは団塊世代の勝ち組としてIBMに就職したものの、上司とケンカして、転勤を願い出ました。「金沢か福岡」と言われ、「寒いのは嫌だ」と福岡を選びます。30年以上も前のことですから、男の一人暮らしは不便でさびしかったようで、当時の食事といえば、卵7個の目玉焼きとか、何もなくて水を飲んで寝たとか……何でも買える今と違って、結婚は必要に迫られていたのかもしれませんね。ターセンが住まいに選んだ場所のそばで、私の年の離れた姉がお店をやっていて、そこに足しげくごはんを食べに来ていたというわけです。当時の私は高校生、夏休みに皿洗いの手伝いをする程度。ときどき顔を合わせては、進路や恋の悩みを相談する、お兄さんのような存在でした。

20歳になったお祝いに食事をご馳走してくれました。2軒目のお店にピアノがあり、それを弾いたことが運命の扉を開いたようで、その日にプロポーズされました。実家の商売も上手くいかなくなっていて、何となく自分の将来に不安を感じていた私は、「僕と一緒にしあわせになろう」と力強く言う、ターセンと人生を共にする決断をしたという次第です。

今、仕事が面白くて、結婚に踏み切れない女性が多いと聞きますが、結婚ってなかなかいいものですよ。すべての時間を自分の好きなように使えるのは、もちろん魅力があることだけど、二人になった途端、お互いびっくりするような予想外なことがいっぱい起きて、それはそれは中味の濃い深みのある人生になるんです。

男性と女性では、生活のありとあらゆる場面で価値観が違います。「ありえない」「分からない」「信じられない」ということを、話し合ったり、ケンカしたりしながら、何年もかけて少しずつ理解が深まって、ふと振り返ってみると、自分も人として成長できていたりするのです。分からないからといって、頭で無理矢理理解しようとするのではなくて、「分からないけど、そういうものなのだ」と、受け止めることのほうが、もしかして大切なのかもしれません。そうやって重ねた時間が、今は本当に宝物です。

十数年前、ターセンが50代早々に仕事をリタイアして、365日家でも仕事でも、二人で向かい合う暮らしが始まりました。それまで仕事に生きてきた彼が、しっかりと暮らしを見つめるようになり、私たちの関係も新しい段階に移行しました。

パン屋とギャラリーを営み、一見華やかそうに思われるかもしれませんが、私たちの日常は淡々としていて、本当にありふれた毎日です。でもいちばん大切なのは、そんな時間なのだと分かる年齢になりました。そして当たり前の日常生活こそ、実はかけがえのないもので、それが送れているのはキセキなのかもしれないと思っています。だからこそ、ささやかな毎日のいろいろを面白がって、気持ちよく暮らす工夫を、惜しまずにやり続けることを私たちは大切にしています。

この本ではそんな二人の暮らしの断片を紹介していますが、本を見ながら「結婚も、家族も、いいものだな」と思ってもらえたら、本当にうれしく思います。K

HIKITA & COMPANY

目次

はじめに　4

1章　人とつき合う、自分と向き合う　16

「ふり」でもいい、先にやってみる　18
ダメなときも、丸ごと受け入れる　22
身体も心も「やわらかくな〜れ」　24
自分の力になってくれる人に頼る　26
悩みの答えは、いつも自分の中にある　28
「子育ての時間」が親を成長させてくれる　30
自分で自分の「格」を上げていこう　34

2章　家を世界一好きな場所に　38

住む場所に「ありがとう！」と言ってみる　40
人生で初めて、犬と暮らす　46
「かわいいおじさん」のつくり方　52
中身と同じくらい「外見」も大切に　58
「ものの価値」と「ものの値段」を考える　64
キッチンに立つのが楽しくなるアレコレ　72
朝は季節ごとのフルーツをたっぷり　78
気になったものは、まず「お取り寄せ」　80

3章　小さな習慣がつくる心地よさ　88

男だって家事を楽しもう　90
気になることは「後回し」にしない　94
「片付け好き」のカーリンと「整頓好き」のターセン　96
小さな「くり返し」が自分をつくる　102
「なじみ」のお店や「いつも」の定番　108
男だって「冷え取り」しちゃいます　112
自分の身体を整える「健康法」　114
僕たちの身体には「治る力」がある　116
日々のお手入れも、楽しくやわらかく　118

4章　パン屋とギャラリー、吉祥寺　122

「10年後」という名のパン屋　124
しあわせを運ぶ「そら豆」　130
美しいこと、美味しいことを生業に　136
「何もしない」場所が、街には必要だ　140
同じ街に住む人は、大きな家族　144

しあわせになるための10か条　86
カーリンとターセンの一日の過ごし方　104
おわりに　152
問い合わせ先　156

1章 人とつき合う、自分と向き合う

「ふり」でもいい、先にやってみる

少し前に、『ペイ・フォワード』という映画がありましたが、私の好きな言葉です。誰かに何かをして欲しいなら、まず自分が先にやってみる。そうするうちにめぐりめぐって、自分が望むことが叶っていることがあるんです。

「give and take」。子育てや人間関係をそんな風に考えると、自分が苦しくなってしまいますよね。「これだけやったのに」「これだけ言ったのに、分かってもらえない」と、不満がどんどん膨らみそうなときは、ゆっくり深く呼吸して想像してみます。分からないけど、分かろうとしてみます。二人の間に正解が見つからない難問や、接点が見えない平行線な話し合いがあったとしても、少しだけでも相手のことを想う気持ちは、きっと伝わります。そして人は共感してもらえるだけで、勇気が出ます。やさしくなります。「今日の夕飯は、好物のあのメニューに決まり」「お土産は大好きなあのケーキにしようかな」。いい人のふりだって、仲良しのふりだって、やり続ければ身に付くものです。

私にはときどき思い出す「気持ちの引き出し」がたくさんあります。「この人と生きていこう」と、大勢の前で誓ったあの日。子どもが生まれて来た瞬間、ただ「ありがとう」と感謝した気持ち。ケンカしたまま出かけた海外出張から、無事に帰って来たときの安堵感。寄り添ったり、寄り添ってもらったり。心がガチガチになりそうになったときこそ、閉まったままの引き出しを開けて、あの日の気持ちを思い出してみませんか。K

よく「夫婦仲良しの秘訣は何ですか?」って聞かれてカーリンが
「仲いいふりしてると、ほんとに仲良くなるのよ」。
「えっ、あれはフリだったの?」ってドキッとさせられていたけど
案外深いところで真理かもしれないね。
「フリ」とか「真似」って、日本ではネガティブに取られやすいけど
でも仕事や勉強だって、何でもそこから始まるものだし
おしゃれだって、真似から入るでしょう?
同じように、人との関係性だって、「フリ」から入ったっていい。
「プロデュース」という言葉を使えばいいのかな。
穏やかな声で話しかけたり、いいところは面と向かって褒めたりね。
せっかく結婚しているんだから、まわりから「仲悪そう」と言われるよりは
「いい関係ですね」と言われたほうが、気持ちがいい。
そうそういい人をやってられないときもあるけれど、長年の癖みたいなもので、
二人の関係も成長するんだから、ぜひ「フリ」から入ることをおすすめします。
T

お互いに贈り合ったプレゼント。
右／ターセンが大好きなハチ鳥の写真集。『ポール・ハーデン』のショルダーバッグはサプライズのプレゼント。左／カーリンがリクエストしたアクセサリー。意外とキラキラ好きなんです。

ダメなときも、丸ごと受け入れる

ターセンがビジネスマン生活の終盤、
最後の株主総会に向かう途中の骨董屋で出会った誕生仏。
おだやかなお顔とお腹に日々癒されます。

「与えれば与えるほど、増えるものな～んだ」ってカーリン。
「え～と」と考えていたら、「愛！」って。今、そう言おうと思っていたのに……。
どんなとき人は、心からしあわせを感じるんだろう。
仕事で大きな成功をおさめたとき。特別に美味しいものを食べたとき。
好きな人が、自分と同じ気持ちだと分かったとき。
どれもしあわせだけど、それは一瞬のこと。
手に入れたとたん、失う恐怖と隣り合わせだ。
それより、どんなときも自分を丸ごと受け入れられたら、
ダメダメなときも、「今の私に、何か必要なことなのかもしれない」と
受け入れることができたら、心も平穏で、しあわせでいられるんじゃないかな。
謙虚さも大切なことだけど、「自分なんて」と卑下する必要はまったくない。
ダメなときも、自分を丸ごと受け入れよう。
常に自分をちゃんと愛せる人が、人のことも愛せると思うからね。T

身体も心も「やわらかくな〜れ」

こんなトトの表情を眺めていると、余分な力がすーっと抜けます。

力を抜くことは、力を入れる以上に難しいことかもしれません。かくいう私も、歯医者へ行けば「噛み締めていますね〜」と言われ、マッサージを受ければ「股関節が硬い人は、言いたいことが言えない人ですよ」なんて言われてしまいます。

先日知り合った人が、「僕はゲイなんだけど、子連れの女性と結婚したから、ニセモノって言われるの」と言っていました。けれど私には、常識とかではなくそうしたかった自分の気持ちに、正直に生きているんだと感じられました。

息子が中学生のときに言ったひと言は、大きな転機になりました。「何になりたい？何でも好きなことやっていいよ」と育ててきたある日、「もっと不幸な家に生まれたかった」と大粒の涙を流しました。そのときの私たちの、格好つけた上辺だけの愛情を、見抜かれた気がしました。それから自分が描く理想の親のふりをやめて、「正しい」とか「こうあるべき」でない、リアルな感情でぶつかることを意識したのです。生きづらさの原因は、社会や他人のせいではなく、自分自身にあったことにようやく気が付いた瞬間です。

考え方はずいぶんやわらかくなってきたと思いますが、身体はまだまだ固いかな。でもいちばん大切なことは、気付くこと。その次に意識して改善すること。そうすると、少しずつ確実に変わってくるものです。脱力上手な愛犬・トトは素晴らしいお手本。最近ようやく「ちゃんとしなくちゃ」という重たい荷物を、下ろせそうな気がします。K

自分の力になってくれる人に頼る

自宅マンションのバルコニーの植栽は、
自由が丘の「ブロカント」渡邉賢介さんに定期的にメンテナンスをしてもらっている。
プロならではの仕事ぶりに、毎回感銘。

「何でも自分でやろう」「人に迷惑をかけないように」と、育てられてきた。もちろん大切なことではあるけれど、最近はそれだけだと、何だか少しさびしいなと思う。ターセンはなるべく自分で、何とかしようとするタイプで、カーリンは頼みごとがとても上手。仕事でもプライベートでもさらりと人にお願いして、そのネットワークを広げています。たとえるなら、「人に道を聞かず、自力で進んでどんどん迷う夫」と「地元の人を見つけて教えてもらい、最短でたどり着く妻」という関係。人に頼ることは、悪いことではなく、実は人に、活躍の場を与えてあげることでもあるんだと気付いたんだ。「迷惑」という言葉の印象が良くないけど、僕は誰かの役に立てたらすごくうれしいから、「迷惑かけてごめんなさい」の裏返しは、案外「いえいえお役に立ててうれしいです」かもしれないよ。

2015年に孫の誕生で、久々に見た新生児。生まれたその日から立って歩く野生動物とは違う、一人では何もできない無力さと無防備さに、改めて驚くばかり。こうして自分も、いろんな人に面倒を見てもらったんだなあ。たくさんの人たちが手を差し伸べてくれていたし、喜んで力になりたいと思っていてくれた。パン屋とギャラリーを始めたときに、「自分の知恵と知識を惜しみなく、若者たちにつないでいきたい」と考えたことを思い出す。一人で力んで、空回りしている気がしたら、どうぞ誰かに助けを求めてくださいね。絡まった糸がほぐれるきっかけが、きっとそこにあるはずだから。T

悩みの答えは、いつも自分の中にある

大好きな「PK」の3人掛けのソファ。くたびれたら、ごろんと寝っころがります。
小さなゲストのオムツ替えだってこのソファで。

何か悩みがあるとき、自分のことじゃなくて「大切な友人に起きたことを、相談された」と仮定して、考えるようにしています。話をふむふむ聞いていると、凝り固まって囚われている側面がよく見えてきます。問題の本質をすり替えて、「分かってもらえない」とか「大事にしてくれない」とか、「私は少しも悪くない」ってことに、執着していたかもしれない。まずはつじつまが合わなくても、その感情を十分に味わいます。シャワーを浴びながら大きな声で怒ったり、泣ける曲を大音量のヘッドフォンで聴いて涙を流したり。感情に知らんぷりを続けたり、人の顔色をうかがってばかりいると、とても厄介です。いいとか悪いとか判断せずに「悔しかった」「悲しかった」と、感情そのままを味わい尽くしてみると……ね、ほぐれてきませんか？「案外、そんなに大きな問題じゃなかったかな」なんて。

「いつも穏やかないい人」、そこを目指すのは悪いことではないけれど、いろんなものにフタをしてしまっているようで、ときどき息苦しくなります。「いい／悪い」「好き／嫌い」「美味しい／まずい」など、区別して生きてきたのは自分自身。悩みを解決するというよりは、悩みを深く味わう。無理矢理解決するんじゃなくて、乱れていた生活を整えながら掃除をしたり、ごはんを作ったりして、悩みが解けるのを待つ。するといつの間にか、自分が違う次元にいることに、気が付いたりするものなんですよね。K

「子育ての時間」が親を成長させてくれる

先日アルバムを整理して、子どもが小さい頃の写真を見返しました。
20歳で結婚、21と23で出産。夢中で過ごした子育て時代でした。

ターセンには、いわゆる反抗期なるものがなかった。
年頃になった子どもたちの様子を見て、「へーっ」と驚いた。
カーリンと話して、「これは嵐が静まるまで、放っとくしかないね」と。
それでも母親とは、暮らす上でのコミュニケーションが取れているけれども
問題は会う時間の少ないターセン。そこでカーリンのひと言、
「子どもそれぞれと二人きりで、旅でもしてみたら？」。
その提案を受け入れ、以来子どもたちとは実にいろんな土地をめぐった。
息子とはオーストラリアの果てまで行って、南十字星に感激して迷子になった父を
助けに来てもらったり、サンフランシスコ出張に連れて行ったり。
娘とは、久米島、京都なんかに足を運んだね。
普段頼っている母親がいない、見知らぬ土地。「頼れるのはお互いだけ」いう状況では
各自の個性、クセ、生理感が前面に出てきて、もう相手を理解せざるを得なかった。
おかげで反抗期が無事終わったあとにも、慣れたもんで、
息子、娘と3人で、海外によく出かけた。うん、あれはいい思い出だなあ。T

子どもたちもそれぞれに結婚し、私たちに新しい家族が増えました。
彼らが家庭を築いている様子を、興味深く見守っています。

私にとって、専業主婦だった時期は、かけがえのない貴重な時間でした。理想の家庭や家族をつくるために、若いなりに頑張ったなと思います。特に子育ては、自分の子ども時代をもう一度なぞっていくような、いろんなことを深く考える時間でもありました。昔大人たちが私にふりかけた、さまざまな暗示や不安材料。決して追いつけない、追い越せない年齢差に地団駄踏みながら、「こういう大人にはならないぞ」と誓っていたのに、親になったとたん、同じようにしたり顔で、説教臭くなってしまっていましたね。子どもたちには「ごめんなさいを百万回」の気持ちです。

親になってよかったと思うことは、親の気持ちが分かったこと。「あなたのため」と言いながら、自分の気持ちを満足させるために、手を出し、口を出してしまうんです。もうこれは、永遠にくり返されることかもしれませんね。でも子どもたちが私に教えてくれました。どんな親に、どんな風に育てられようと、「僕には僕の人生を、私には私の人生を切り開く力があるから大丈夫」ということを。

ある日の散歩道、お父さんが小さな男の子に言っていました。「何でも思い通りになると思うなよ」って。お父さん自身がそう感じる人生なのでしょうか。男の子がよっぽど腕白なのかも。でも私は心の中で、小さな男の子に言いました。「ほとんどのことは上手くいくよ、いかないことはほんの少し」。もちろんこれは、私自身へのエールでもあります。K

自分で自分の「格」を上げていこう

心付けやお礼を入れるポチ袋は常備する。
お財布はいつでもすっきりと。
ささやかなことですが、大人ならではの心掛けです。

自信満々で鼻持ちならないのは困るけど、何かをお願いしたときに「私でいいんですか」と言われるより、「やってみます」「頑張ってみます」と言われたほうが、気持ちいいなと思う。力不足かもしれないし、期待に応えられないかもしれない。やってみなければ分からないけど……「ベストを尽くそう！」と思うことが大切なんだよね。「いえいえ、私なんて」と、やる前に保険をかけておくような、「頼まれたから仕方なくやるんです」という姿勢は、必ず相手に伝わっちゃうものなんだ。

ターセンは若い頃から、「ここぞ」というときのために、自分の格上げを意識してきた。やることはたくさんある。ていねいな言葉使いと優雅な動作。身のまわりを整理して清潔にすること。興味のあることを深く掘り下げて、内面を磨く工夫。与えられたどんな小さな仕事でも、ベストを尽くすこと。ね、スマホばかり見てる場合じゃないでしょ。

それから、少～し背伸びすること。ポイントカードや小銭でパンパンのお財布に、別れを告げます。お店やタクシーで「お釣りは結構です」と笑顔で言ったり、ポイントカードを作るのを止めてみたり。「誰かが私を素敵な世界に連れて行ってくれる」のを待つのではなく、「自分でその素敵な世界の住人になる」のです。アクション！　すべてはここから始まります。見る人はちゃんと見ています。分かる人はちゃんと分かってくれています。その行動に見合った自分に成長していく。そのことを楽しんでみてください。T

エミール・ガレのランプや骨董の器など、
吉祥寺の寿司店「大益」は店主・小久保勝雄さんの美意識が楽しめる「大人ならではの店」。

「氏より育ち」なんて言葉、若い人はもう言わないし、知らないかもしれませんね。『マイフェアレディ』や『プリティ・ウーマン』の映画のように、じゃじゃ馬な女の子がレディになる。教育や環境で人は変われるということです。私も言わんかな、場末のビリヤード場が実家でしたし、家系図をどうたどっても名門とは縁がないと思います。

でもね、「人として道を踏み外さないように」とか、「やさしさや親切、労を惜しまないこと」は、両親から学んだことだと思います。住み込みのお姉さんたちにも分け隔てなく親身になっていた、母のことをよく思い出します。「自分たちさえ良ければいい」という時代ではありませんでしたから、困っている人に手を差し伸べる、自分に何ができるか考える。そういうことを自然に気にするのは、家庭環境が大きいのかなと思っています。

たくさんの大人に囲まれて育ったので、たくさんの大人を観察する子ども時代でした。そんな環境でしたから、「こんな人になりたいな」「こういう大人にはなりたくない」というイメージが明確なのかもしれません。私が「いいな」と思う人は、こざっぱりと清潔で、決して華美ではなく、しぐさや言葉使いが美しく、自分の考えを持っている人。でもそれを人に押し付けるわけでもなく、しなやかでユーモアたっぷりの、かわいらしい人です。自分もとうに「大人」と呼ばれる年齢になりつつも、こうして改めて書き出しながら「まだまだだなあ」と切に感じ、居住まいを正している次第です。K

2章
家を世界一好きな場所に

住む場所に「ありがとう！」と言ってみる

「行ってきまーす」「ただいま」。誰もいなくても、私は家に挨拶をします。
この空間は間違いなく、私や家族を支え、守ってくれているのだから。
「ありがとう」も忘れません。受験や仕事の大切な打ち合わせ、お願いごと、
一生懸命努力したり準備したことを、家はちゃんと見て、知っています。
「いい結果を待っているよ」と、見守っているようで、報告せずにいられません。
私には「美味しい」と同じくらい大切にしていることに
「気持ちいい」という感覚があります。
ぎゅうぎゅうものであふれていたり、じめじめ湿気がこもるような感じは
決して気持ちよくはありません。どうしたら快適にできるだろう、
「ああでもない」「こうでもない」と、改善・改革はいつも現在進行中です。
わが家を訪ねた方が「落ち着きますね」「居心地がいいですね」と
言ってくださるのが本当にうれしくて、
それを家が心から喜んでいる声が、私には聞こえるんです。
そんなときは「良かったね」って、思わず壁にハイタッチ。K

住まいも「ホテルのような心地よさ」を目指し、ものがあふれすぎることがないよう常に整理整頓を。

「こうしたら、もっと良くなるかも！」。思い付いたらすぐに実行に移したいカーリンは、結婚当初から、昼夜を問わず部屋を模様替えするような人だった。仕事から帰ってくると、がらりと部屋の様子が変わっているので、よく家具に足をぶつけていたなあ。なつかしい思い出だ。

それまで賃貸ばっかりだった住まいから、18年前に武蔵野市に中古マンションを購入してからは、まさに彼女の本領発揮。入居時にも大規模なリフォームに着手した。壁紙じゃなくて、塗り壁に。造り付けの家具に、照明はダウンライト。大きな部分から細かな部分まで、本当にたくさん手を入れた。その後もリフォームは続き、合計4回。「来客用」としていた和室も、数年暮らしてみたら誰も泊まらないことに気付き、リビングとして拡大。床の間も押し入れも、あとかたもなくなった。

ここ最近リフォームの相談に乗ってくれるのは、「スタンダードトレード」の渡邊謙一郎さん。彼と出会ってからは、悩みはさらにスイスイ解決されている。長い聞き取りの時間が、提出された設計図に反映されていて、「決して自分の作品を作るわけではない」という彼の潔さが、快適な空間をつくり上げてくれるのだ。しかし「自分の暮らしを見つめ直す」のが趣味と言っていいカーリン。これでも、まだまだ最終形ではない予感がしているターセンです。T

上／消臭・調湿や電磁波吸収効果で知られる竹炭を、たっぷりとガラス器に入れてパソコンの横に。中／テレビを見ないときは、目隠し布を。下／人が訪ねてくるときなど、家具は頻繁に動かして、気軽にレイアウト変更をしています。

人生で初めて、犬と暮らす

「みんながみんな、動物好きじゃないんだぞ」と
心の中でつぶやいていた、あの頃の自分はどこへやら。

息子のサンフランシスコ留学を支えた犬、トトがわが家にやって来て
六十数年の人生で初めて犬と暮らしています。
「犬と暮らせるのか？　この潔癖症のターセンが！」
そんな思いはまったくの杞憂に終わり、そのカワイサに相当やられています。
泥んこの足もオシッコも、ウンチも今や、ヘッチャラなのでありました。
人はいくつになっても、変われるものなのです。
かつては別荘が欲しくて、あちこちを探し回っていたターセンだけど、
トトが来て、身近な武蔵野の自然の素晴らしさを教えてくれました。
近所の栗林やブルーベリー農園、滝も流れる関前公園に遊歩道。
夕暮れには遠くに上がる花火の音に聞き入ったりして
家のまわりで十分自然を楽しめることに
今さらながらに気付かされたのでした。トト、ありがとう。T

「わが家に犬が来る」ということは、本当に驚きの出来事でした。有無を言わさず「当然」という感じで、留学先から犬を連れて帰国した息子。こんな「想定外」を運んでくれるのは、いつも子どもたちです。動物を飼うのは初めてだったので、「家に帰ったら犬がいる」ということがなかなか飲み込めず、妙に帰宅時間を遅らせたりしました。

ミックスのトトと一緒に暮らしてみると、しっぽ振り振りでまとわりつくイメージとは全然違って、何だか猫みたいな犬。息子同様、おっとりとしたいい性格でした。ドッグフードやサプリを工夫したら、毛もつやつやになり息子もビックリの変身ぶり。「やっぱり食べ物は大事だね」って実感したものでした。あれから7年、すっかりトト中心の生活で、何と言っても早起きになりました。散歩とごはんが生き甲斐ですから、夏は5時半、冬でも7時には起きる毎日です。仕事も暮らしも24時間一緒になった私たち夫婦の、暮らしの潤滑油であることは、間違いなしです。

子どもみたいにいつか自立するわけでもないので、その成長を楽しむというよりは、「小さな生き物が家族になった」という淡々とした感じ。でもそばにいてくれるだけで、その時間が豊かで深いものになるから不思議ですね。彼の「すべてを受け入れる」という生き方、与えられた環境の中でしあわせに生き抜くたくましさに感動しています。あわただしく生活する私たちのほうが、多くを学んでいるように思います。K

上／トト用のかごはイギリスのもの。右／トトのケアグッズ。ノミ・ダニ取りスプレーは小さなボトルに。

左／犬好きになり、ついには犬の写真集をプロデュース。奥村康人さん撮影『Hi! Dear』。下／ポストカードの会社をしている友人が、トトをカードにしてくれた。

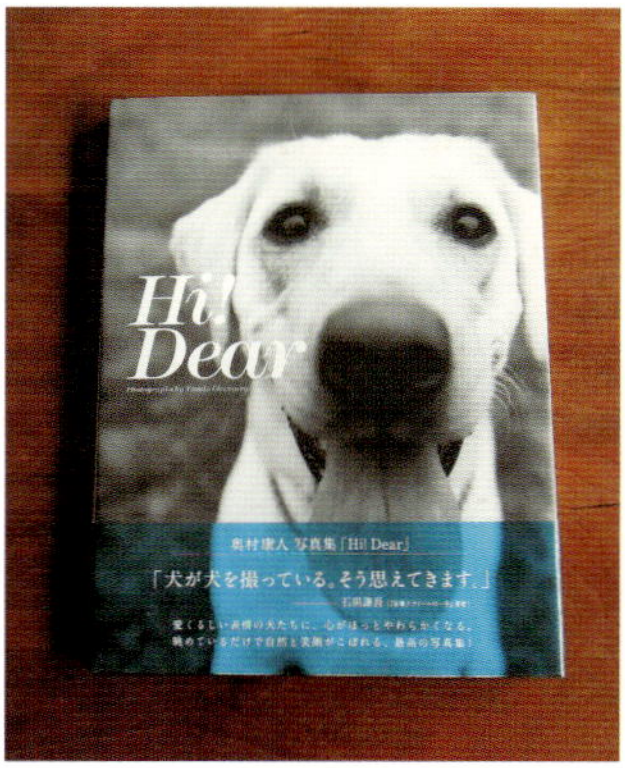

自宅の近所にある公園は定番の散歩コース。トトと一緒に四季折々の風景を楽しんでいます。

「かわいいおじさん」のつくり方

「ヤエカ」のパンツ、カーリンはSを、ターセンはレディースのLを着用。
自然と雰囲気が似てきます。

ターセンは「誰かに憧れる」とか「誰かを真似る」ということがほとんどない。
「人と違う」ということに重点を置いて生きてきたので、
大学の卒業式もまわりは学生服だらけなのに、一人だけブルゾン、
「僕はオシャレ」と思い込むタイプだったなあ。
会社を卒業するとスーツを脱いで、俄然私服の割合が増してくる。
カーリン曰く、世の中は「ゴルフウエア的な服のおじさん」と
ゆるーいゴムとたっぷりした身幅の「僧侶風のおじさん」に分かれるんだとか。
ワイフの話に耳を傾けると、本当にいいことばかりなので、
着るものも意見を取り入れるようにしている。
この素直さこそが、「かわいいおじさん」づくりの重要ポイントかもしれないね。
サイズが合うならレディースだってOK。自分のスタイルを決めつけず
チャレンジも忘れないで、上質感と清潔感は最重要ポイント。
今日もカーリンの最終チェックで、「かわいいおじさん」は行ってきまーす！ T

「トゥモローランド吉祥寺店」の飯塚真一さんと、服選びの相談。素敵な若者からの助言には耳を傾け、一生素直でいようと思う。右下の「オメガシーマスター」は昔会社のスタッフがスイスで1週間かけて見つけてくれたもの。中下の「ロレックス エクスプローラー」は息子の誕生祝いに贈り、「いいな」と思って自分用にも。

このピンクニットを着ていると、本当によく女性から声をかけられる。明るい色は、コミュニケーションツールにもなるんだね。

MARGARET
HOWELL
S

襟は小さめ、肩幅・身幅はジャスト。そんな条件をしっかり満たした、ターセンの白シャツコレクション。

中身と同じくらい「外見」も大切に

「さあ、今日は体を動かして働くぞ」。そんな日のスタイル。
いつまでもジーンズをさらりと着こなしたいもの。

服や靴、バッグやアクセサリーは、その人自身が選んだもの。たくさんのものから選んで購入し、持っているものとコーディネートして、今日という日に身につける。やっぱりそれはその人の、人生そのものなんだと思います。だから「わぁ素敵」と思う装いの人と話してみたいし、「気が合いそうだなぁ」「どこで買ったか聞きたいな」など、興味津々になります。そうして自分が好きな雰囲気の服を着ている人に話しかけてみると、服以外にもいろんな共通点があったりすることが多くて、うれしくなります。そんな風に、外見にはたくさんのヒントがあるんです。

若い頃のピチピチした自分のイメージがいつまでも残像のようにちらついて、鏡を見ると投げやりな気分になるときもありますが、それでも素敵な服の力を借りて出かけます。どんな年齢になっても、やっぱりおしゃれは女性の元気の素ですよね。大切なのは、一に笑顔、二に姿勢。ちょっと流行も意識して「今」の気分を楽しみます。最近はターセンを見習って、Tシャツやセーターなど、ハッとするような鮮やかな色にもチャレンジです。少しお値段が張ったとしても、若い方にはぜひ上質な服にチャレンジしてほしいと考えています。いいカッティングの服、いい素材の服は上質な外見をつくってくれて、いい縁を引き寄せてくれるんですよ。K

「フェブ」の1階にあるセレクトショップ「TONE」。
店主の長竹さん夫妻には、毎シーズン新作をおすすめしてもらっています。
この日は「ミナ ペルホネン」のワンウォッシュのデニムを。

右上／シンプルなのに、バランスが何とも格好いい「ポール・ハーデン」のバッグ。左上・右下／ネックレスや腕時計、ピアスやリングは、取り出しやすいようにケースに入れて。アクセサリーは小ぶりでさりげないものがほとんど。左下／「意外」とよく言われますが、ペディキュアはしておきたいタイプ。見えない部分こそ「きちんとしたい」という気持ちが強いです。

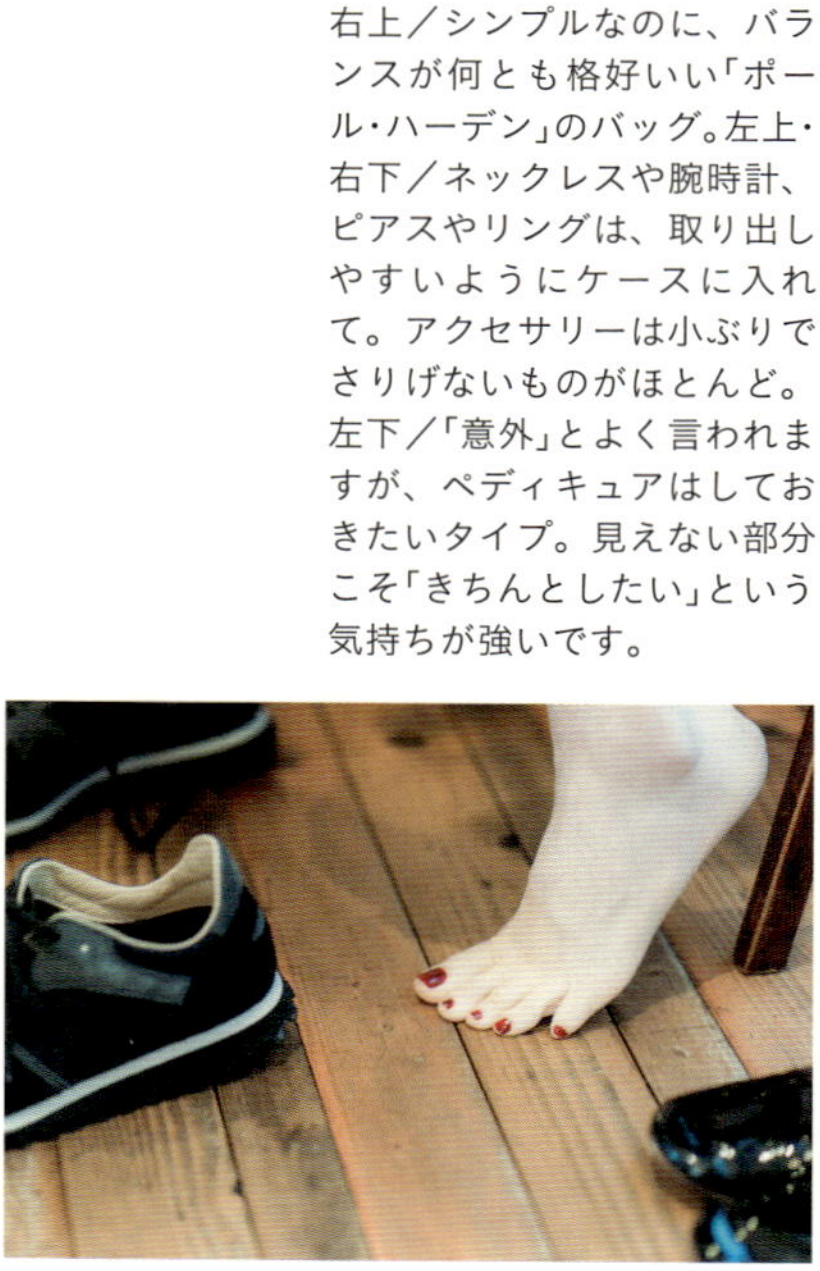

「オールドマンズテーラー」のワイルドベリー柄のワンピースに、「エバゴス」の靴。二人で出かけるときはこんな装いで。

「ものの価値」と「ものの値段」を考える

デンマークのI・K・ラーセンがデザインした「エリザベスチェア」。
「ターセン」のあだ名は彼の名前から。

迷ったターセンの背中をぐっと押すのは、いつもカーリン。

ターセンは「ものの適正価格」みたいなことを考えるから「質はいいんだけど、これは家具の値段じゃないな」とか「この器、この絵なら、大体これくらいの価格」という予想を、はるかに超えるものは、スパッとあきらめるタイプでした。

しかしカーリンは「付けられた価格には、それなりの理由があるはずだから、まずは自分が欲しいか欲しくないか」をじっくり考える人です。

しかも、すごく高かったのに「違った……」と思ったら、それを欲しい人、もっと似合う人に、ひょいとあげちゃえる人です。

だからターセンはいつも迷ったときはカーリンに背中を押してもらうことにしています。

「あのさあ、今お店にいて、気になるものがあるんだけど……」って、電話するターセンなのでした。T

右／復刻がうれしかった「ドロップチェア」。左／オフィスのデスクチェアは「スイヴェルチェア」。

カーリンに背中を押されて手に入れた「FK」の元祖〝バッタチェア〟。夕食後、ターセンのくつろぎ時間の定位置。

ここ数年ギャラリーで「かご展」を開催していることもあって、わが家やオフィスでかごは増加中。竹にあけび、山ぶどう、がま……各地の暮らしに根付いた手仕事文化に、敬意を覚えます。

自由経済では、欲しい人がたくさんいたり、希少なものだったりすると、いくらでも高い値段が付いてしまいます。逆に工業や流通が発達することで、びっくりするような安さの大量生産品が売られるようにもなりました。「ものの価格って、一体何だろう?」と、考える機会が増える時代になりました。

人生も後半になってくると、ものの値段は、「誰も悲しまない価格」がいいと考えています。どこかに無理があって作られるものや食べ物は、身につけても、口にしても、いい気持ちがしません。高価なものすべてがいいわけではありませんが、安いものはやっぱり、それなりではないでしょうか? それまで自分が生きてきた人生の価値観で考える、適正価格。自分が支払うお金が、誰かの暮らしを支えていて、いい循環を作っている。そう考えられる買い物が、いちばんいいと思っています。

それと同時に、「この仕事は残さないと」と思うものには、やはりその価値を尊重し、適切な価格を付けなくてはいけないと思っています。たとえば手作りのかご。私は昔から大のかごが好きなのですが、国内外を問わず、年々材料は希少になり、編み手の方の高齢化も深刻な問題です。そんな中この手仕事文化を守ろうと、日本の各地で若者たちが頑張っています。決して安くはありませんが、誠意を持って作られた道具は一生もの。そんなものにはふさわしい値段を付けてもらって、気持ちよく買い物をしたいと思います。K

右端ふたつはかごバッグに見えるけど、革製。どうやって編んだのか……職人技にうなります。

キッチンに立つのが楽しくなるアレコレ

ターセン特製のミネストローネ。
展らん会期中の忙しいときなど、たまにリクエストをしています。

「自分の食べたいものを、食べたいときに作れたらしあわせよ」と言う
カーリンのすすめに従って、ちくわぶだらけのおでんを夢に見つつ、
包丁を持つことにしたのは、かれこれ十数年前。
焼き魚に刺し身、あさりのお味噌汁という
家族のヒンシュクをかった献立も遠い記憶になりつつある。
数をこなすより深めるタイプのターセンは、得意なメニューを究めることにした。
そして行き着いたのがミネストローネ。
もちろん小学生時代の思い出を彷彿させる
にんじんのようなキライなものは、何ひとつ入れない。
オリーブを好きなだけ入れて完成です。
「ダンディゾン」の美味しい豆乳バゲット「フィッシュ」とともに
ワインがすすんでしまう、夜長でありました。T

台所は朝昼晩いつも出入りする大切な場所。シンプルで使いやすいものを、取り出しやすく並べます。「これが足に落ちたらケガするな」と、あるとき自分の腕力に自信がなくなったから、重たい鍋は若い人にあげちゃいました。「麺はたっぷりの湯でゆでる」という長年の教えも、小さな鍋でゆでてみたら、私の舌には同じ味。ちょちょいと、ストレスフリーで料理する道を選んでいます。

道具やクロスは、思い切ってステンレスや白で統一すると、何だかぐんとやる気が出てきます。バットやボウルは大中小でいろいろ揃えるよりも、同じものを重ねるのも案外便利。おにぎりはこの器でちょうどいい形が握れるなとか、そのまま人に差し上げても負担にならない「ジップロック」のコンテナはたくさん常備しておこうとか、台所用スポンジだって気に入ったらまとめ買いし、くたびれたら早めに新品にして、「気持ちいい」を優先させます。

冷蔵庫にあれもこれも入っていて、「使い切らねば」と追い立てられるのが嫌なので、わが家の冷蔵庫はたいていスキスキです。「何もない」と思っても、工夫すれば2〜3品できるのは長年の知恵かな。月に2回「築地御厨《みくりや》」から届く野菜は旬のおまかせ、自分では選ばない初めて食べるものが入っていたりして、それはそれは楽しいですよ。K

健康と美容のため、発酵食品は意識して日々の生活に取り入れるようにしています。ワークショップを企画して杉本雅代さんに教わった酵素シロップはすごい威力。「おいしくな〜れ」と呪文を唱えながら、みんなが通る場所、目にする場所に置いておくといいらしい。仕込んだり日々の世話は、ぬか漬けとともに、ターセンの仕事。

水まわりは常に清潔を心掛けます。夜寝る前に、洗いかごもしっかり洗って立てかけ、シンクの中も拭き上げます。水分さえこまめに拭いておけば、掃除はそんなに大変ではありません。

上／常備している備品たち。「超電水」、「緑の魔女」の洗濯用＆食器用洗剤、「激落ちパパ」、「亀の子」のスポンジ、「マーナ」のキッチン万能クリーナー、「白雪ふきん」。下／「野田琺瑯」のバットとガラスのボウル。

朝は季節ごとのフルーツをたっぷり

トトの散歩の前に、くだものを常温に戻します。

私たちは果ものが大好きです。愛情たっぷりで育った季節の果ものを必ず朝食でいただきます。「朝の果ものは金、昼は銀、夜は銅」と言われて育った世代ですからね。

いろいろな健康法で「フルーツは糖分が過多」「身体を冷やす」とも言われていますが、「ああ美味しい」と、しみじみいただく滋養は、何ものにも替えがたいと考えています。「身体を冷やす食べ物も、日のあるうちなら食べて大丈夫」「枝に付いたまま熟したものはよい」など、いろんな説があるようですが、結局のところ、なるべく無理なく自然に実っていることが大切なのでしょう。保存や口当たりのために冷蔵庫に入れた果ものは、朝起きたらすぐ室温に戻します。トトの散歩に行って、朝食の準備をする小一時間で、ちょうど食べ頃の適温になっています。

熊本の「錦自然農園」の桃・柿・いちごや、長野の「永井農場」の巨峰。その味わいの違いにびっくりしてからは、毎年定期的に取り寄せてます。岩手の「瀬川りんご園」のりんごや、松本のアルプス乙女りんごも格別です。本来は地産地消がいちばんいいのでしょうが、こだわり抜いて育てた果ものは、値段も高くなり地元ではなかなか消費されないそうです。遠方からエネルギーをたくさん使って運ばれて来ることに思うところもありますが、気まぐれに美味しいものを集めるのではなく、不作や搬送中に何かあっても、丸ごと全部引き受ける気持ちで、長く長くお付き合いして応援して行きたいと思っています。K

気になったものは、まず「お取り寄せ」

わが家のお助けメニュー「式亭の水ぎょうざ」は、あっさりやさしい味。
中華スープにねぎをたっぷり入れて。

「わぁ美味しいね！　どこの？」と聞かれると、詳しく説明したり
入っていたしおりをそのまま渡したりするけれど、
「あれ取り寄せたよ」という報告はほとんど聞かない。
「面倒くさいのかなあ、言うほど美味しいわけではなかったのかなぁ……」
私の中では、いつも大きな謎でした。
少し分かってきたことは、「美味しかったら、また取り寄せて、いただく」のが
みんなにとっては、あまり当たり前ではないということ。
「やらなかった後悔より、やった後悔を」というタイプでは決してないのに、
お取り寄せだけはがんがん攻める、自分でも不思議です。
「食べてみたい」という欲望が、何よりもはっきりしているのかもしれません。
とはいっても、カチカチの冷凍で届くものはちょっぴり苦手で、避けていました。
けれど先日、オパールのように輝くしじみ汁が、青森の十三湖産だと知り初挑戦。
以来、ものによっては、冷凍ものも解禁しようかなと思っています。　K

お気に入りのお取り寄せ

季節ごとや定期的に、何度も注文してしまうわが家の定番の品々です。

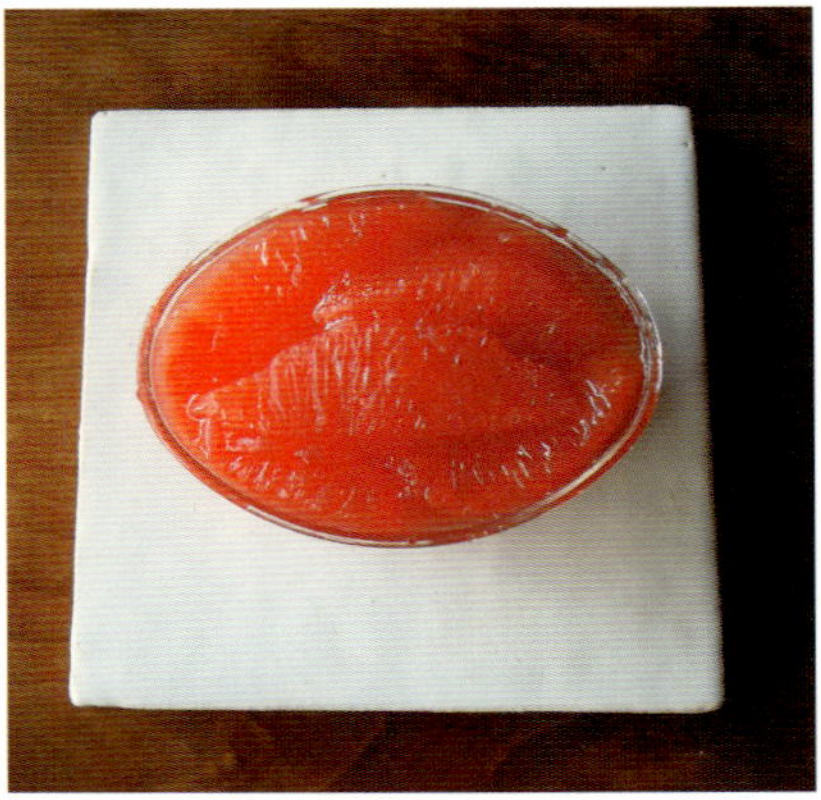

右／包みがかわいい、ヨーロッパ最古の砂糖菓子店「ピエトロ・ロマネンゴ」の「ミントフォンダン」。
左／「マルシェ ド レモン」の「グレープフルーツセクション ルビー」。

右／「いちのみやママ工房」の「白桃のシロップ漬け」は温かい部屋でひんやりいただくのが好き。
左／喉・肺に効く「ラ・メゾン・ド・ミエール・ナミキ」の「はちみつキャンディ」は冬の常備品。

右／「永井農場」のトマトソース。子どもが小さい頃夏休みにお邪魔したのをご縁に、いろいろ取り寄せています。左／熊本産の厳選された素材を使った「焼肉すどう」の「〆カレー」。

右／「豆屋茜」の「煮豆」は、これまで食べた煮豆の中でも最高峰。豆農家さんも応援する気持ちで。
左／愛媛県人自慢の「紅まどんな」。オレンジというより、オレンジゼリーという感じ。

◎友人たちが手掛ける特別なお菓子

通販で買えたり、イベント時にときどき口にできる、お気に入り菓子です。

右／レモンたっぷりの「ポチコロベーグル」の「レモンスクエア」は、午後のエナジーチャージに。
左／表面が黒い、「アトリエタタン」の新作「バスクのチーズケーキ」。味は本格派。

右／粉を知り尽くした桑原奈津子さんならではの、洗練されたスコーン。
左／紅茶の輸入も手掛ける「ミスルトー」奥田香里さんの「ドライフルーツケーキ」。

右／季節のジャムも手掛ける「みつこじ」のスコーンはやさしい味。
左／甘いものが苦手なターセンの稀有なお気に入り。「フードムード」の「チョコココナッツクッキー」。

右／「かえるちゃん」こと松本朱希子さんの「レモンケーキ」。無農薬レモンがたっぷり。
左／お菓子教室「tiroir」を主宰する高吉洋江さんの看板メニューの「キャロットケーキ」は、世界一。

1
水まわりをキレイにする

台所のシンクや洗面所など、水まわりのよごれの原因は水滴です。ならば最後に拭き上げて、ピカピカの状態に。次の使い始めもピカピカで、水の流れもさらさら……自分の体の血液も、さらさらになる感じです。

2
玄関のたたきを拭く

ぬれてもやぶれないキッチンペーパーを2〜3枚重ねて、毎朝玄関のたたきを拭きます。やってみると、たった一日でも案外汚れていることに驚くはず。いいことも悪いことも、何でも入って来る家の入口。ピカピカにして、備えたいものですね。

3
どの引き出し、どの棚にも余白を作る

詰め込むと、気持ちの余裕がなくなります。あれれ？　自分のスケジュールと似ていますね。さらに何も入ってない引き出しや収納ボックスがあると、がぜん片付けがスムーズになりますよ。

4
「お客さま」より「いつもの暮らし」

「誰かが泊まるとき用」「お客さまがいらしたとき用」って、それは何か月に1回のことじゃないですか？　それよりも、自分たちの毎日を優先させます。お客さま用のゲストルームにしていた和室をつぶし、リビングを広く。来客用布団もレンタルで。そう決めたことで、気持ちがうんと楽になりました。

5
言いたいことを言う

溜め込むとろくなことはありません。ささいなケンカが大事になり、「この前も」「あのときだって」と、あふれ出します。「そのときに言って欲しかった」となりますよね。ちょっとひっかかることは、勇気を出して、時間をおかずに言うクセを。

6
「自分はこうだ」と決めつけない
案外、自分を制限しているのは自分です。「大人なんだから」「男(女)なんだから」「親として」……などなど。もっと自由を目指したほうが、楽しいしラクチン。「ちゃんとしなきゃ」からの卒業です。

7
仕切り直す
クローゼットや食器棚は、年に2回ほど全部を取り出し、「いる」「いらない」を判別します。すみずみまで掃除ができ、リセットになって気分爽快です。

8
よく眠る
「睡眠時間はたっぷりなのに、何だか疲れが取れない」。そんなときは「眠りの質」を見直すときかも。自分の体に合うマットレスを探したり、いい音楽や好きな香りを試したり。妥協せず、いろいろやってみましょう。

9
「分不相応」という買い物を
「いつか」と思っている靴やバッグ、アクセサリーを、思い切って買ってみます。すると身のこなしや話し方に変化が表れて、自分がちょっと格上げされたりするものです。

10
住まいをパワースポットに
そうなったら、最強ですよね。外にいろいろと探しに行かなくてもいいなんて。自分が感じる「気持ちいい」を増やしていけば、本当にくつろげる場所になります。玄関を拭くなんて、実際にやってみると1分もかかりません。空間が整うと、本当にしあわせです。

3章
小さな習慣がつくる心地よさ

男だって家事を楽しもう

食事の仕度はカーリン、片付けはターセンの仕事。
食器類の洗い物も、すっかり板に付いた。

結婚当初「どんなに仕事ができる人でも、家事はできない、子育ても女の仕事だと言う人は、尊敬できない」と、カーリンにきっぱり言われた。肩書きや年収より、「人として」という価値基準をしっかり持った女性だったので、大きな仕事を成功させて浮かれて報告しても、「それでたくさんの人が、しあわせになるの?」と、いつも聞かれていた。

結婚して2年後にサンフランシスコへ転勤になったことは、二人の関係に大きな転機をもたらしたと思う。そこには人として家族として、当たり前に暮らせる時間が流れていた。夕方に帰って来れて一緒にごはんを食べる時間、週末に一緒に買い出しに行く時間。まわりは緑にあふれ、家にも十分な空間があって、「こんな暮らしがあったんだ」と気付かされた。帰国してからは、また元のモーレツ仕事人間になっちゃうんだけどね。

それでも気持ちだけでも、家事や子育てを大切にしてきた。そうして今、子どもたちに「お父さんのミネストローネが食べたい」と言われたり、息子も当たり前に家事や育児に参加する姿を見て、やっぱり一朝一夕ではない、時の重なりを実感している。

小さなことからでいいんだと思う。得意な料理を一品作る、週末にすみずみまで掃除機をかけるとか、食器をきれいに洗うとかね。たくさん失敗するけど、そこは長い目で見てもらって、「ゴールは60歳」とか言っちゃってね。自分が食べたいものを食べたいときに自分で作る。そして家族にも喜ばれるって最高! T

右上・左上／「テーブル磨きセット」（オイル、紙やすり、古布）と「浅草アートブラシ」の毛玉取り。こういうメンテナンス系、男は得意。左下／洗面所のタオル収納。新しくたたんだものは、きちんと下に。ターセンは使う順番に律儀です。

月に一度、空気清浄機のホコリを取るのはターセンの仕事。ほかにも「浄水器のフィルターを交換」とか、「トトのノミ・ダニ予防のスプレー」とかいろいろありますが、ちゃんと手帳に書き込んで、実行しています。ところがこの前も「まだだっけ?」とカーリンに言われて、「手帳に書いてあるから大丈夫」なあんて胸を張ったけれど、「あっ、今日じゃん!(心の声)」なんてことに。ビジネスマン時代、細かい予定はすべて秘書任せだったから、こうした日常のあれこれに気を配るのは本当に大変です。

先日は「ターセン、パソコンのキーボードきたないよーー」「いつ拭いたの」って息子に言われて、びっくり。拭いたことなんてない! 毎日使っているのに、こんなによごれているのに、全然気付かなかった。「今までごめんね」なんて言いながら拭いていたら、何だか知らないけれど、よく分かんないけど涙が出てきた。

料理・洗濯はやっと一人前にできるようになったけど、掃除機がけはターセン苦手。あのにおいと音にやられる。それに「眼が悪いから、塵も見えないんだよ」って言い訳してたけど、「見たくないから、見ないようにしてる」と、カーリンは例によって挑戦的。ああ、こうしたターセンの生活は、発見ばっかりだね。それにしてもこうして打っているキーボード、すごーくきれいで嘘みたい! メガネ拭き用のウェットティッシュ使いました。T

気になることは「後回し」にしない

カテゴリー別に収納している食器棚。年に2回は全部取り出し整理を。

僕とカーリンの似ている気質のひとつが、「やろうと思っていたのに……」が、ほとんどないところ。「やろう」と思ったと同時に、「もうやってる」。「今度、ごはんでも」とお誘いを受けたら、もう手帳を開いている感じだね。「機が熟す」のを待つのは苦手かもしれないけど、「機を逃す」ことはまずない。瞬発力は共通だけど、カーリンは継続するのが少し苦手かな。ターセンは両方あるから、飽きてきたカーリンを励ます役どころです。

何だか「思い」みたいなものって、テレパシーみたいに、この空間をちゃんと飛んで来てるんじゃないかと思うんだ。ふと誰かのことを思い出したり、アイデアを突然思い付くときは、「たまたま」とか「偶然」なんかじゃなくて、いろんな情報が集約されて、メッセージがポストにストンと届く感じ。大きなことも小さなことも後回しにせずやっていると、そのメッセージが確実に早く届くようになる。毎日開ける食器棚、「取り出しにくいな」とか「使ってない食器がいっぱいあるな」とか、思いながら使うの嫌じゃない？「よし！」と、整理して入れ替えたりすると、その間にわが家のパソコンに、器の取材依頼のメールが届いてたりするんだよ、本当に。

せっかちとか短気といえばそうかもしれないけど、後回しにしなかったことでいっぱいいいことがあったから、これは声を大にして言いたいな。自分が変わるとね、本当に世界が変わるんだよってこと。T

「片付け好き」のカーリンと「整頓好き」のターセン

押し入れだった空間をリフォームした収納棚。わが家の収納は「すき間と余白」がポイント。

やると決めたらベストを尽くし、脇目も振らずやり通すターセンと、理屈じゃない、感性のようなものに突き動かされて理想を追う私。人間、根幹となる深い部分はそうそう変わらないもの。そうすると相手が不得手なことを責め立てるよりも、分業していいところを伸ばして120％の成果を出したほうが、ずっといいことに気が付きました。

私は「ざっくり片付いてる風」に、きれいにするのが得意です。見える収納より、とりあえず引き出しや扉でものが出ていない状態を作って、「片付いてる感」を出します。ターセンは緻密な整頓が上手。書類や写真を年代別に分類したり、食器や薬なども使う頻度に応じて並び替えます。なのでいっぱいになってしまった引き出しや、どうしてもゴチャゴチャしてしまう棚は、SOSを出して片付けてもらうことにしています。

お取り寄せ好きなわが家は、着払いで注文するものが頻繁に届くので、玄関にお札と小銭の引き出しを作りました。荷物もよく出すので、送り状、ペン、ハサミ、ガムテープやひもも、同じ引き出しに収納。こうやって毎日「こうしたほうが使いやすいかも」と、試行錯誤しながら生活しています。やり過ぎないというのも大切なこと。余白や余裕が大事で、分類に迷うものを入れる「とりあえずの引き出し」も作っています。詰め込み過ぎず、空白の場所を持っていると、不思議と「よし片付けよう」という気になるんです。完璧を求めない。何だか夫婦関係と同じですね。K

右上／居間にあるチェストは、引き出しごとにテーマを決めて収納を。左上／黄色いカードはターセンの休肝日の目印。朝出して、見える位置に。やることメモなども、引き出しの中に。右下／普段使いのカトラリー類をまとめて。左下／ペーパーナプキン類や裁縫箱など、こまごましたものを入れる引き出し。

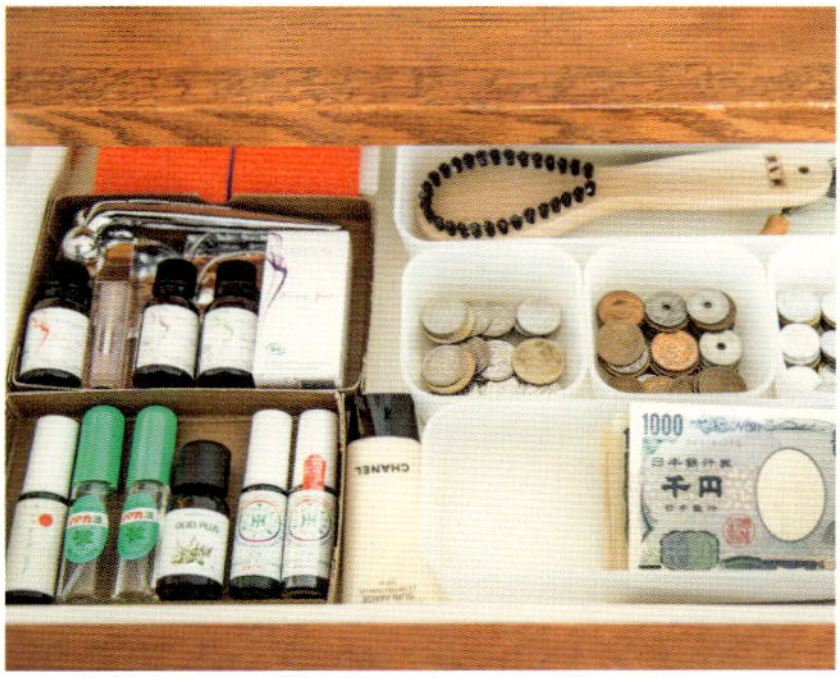

右上／薬箱の引き出し。主に漢方薬とホメオパシー関係。季節ごとに必要なものを入れ変えます。左上／ハンカチ類は、玄関に近い位置に。右下／「とりあえず入れておく引き出し」。たまったら、引き出しごと引き抜いて整理を。左下／やはり玄関に近い位置に、宅配用の代金を金種別にまとめて。

上／寝室のクローゼット。右がターセン、左がカーリン。季節外の服は、隣の棚や別室に。常に風通しよく。下／寝室のチェストには靴下や下着類を。

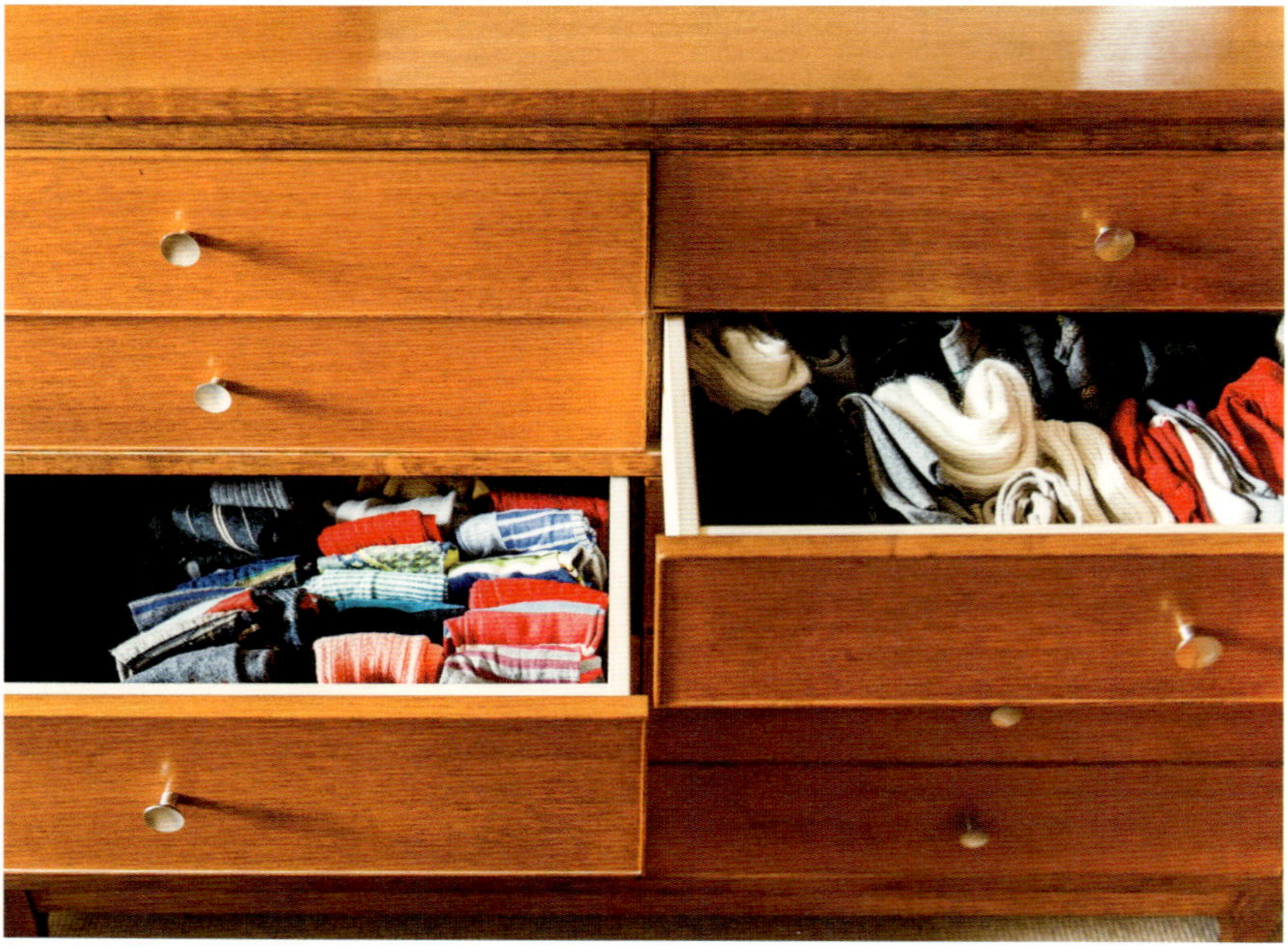

上／パソコン横の棚には、その時期気になるものをディスプレイ。下／その下にある棚の引き出しには手帳や時計、財布類を。ディスプレイ用の小物もひとまとめに。下には息子や娘に渡す予定の本類も。

小さな「くり返し」が自分をつくる

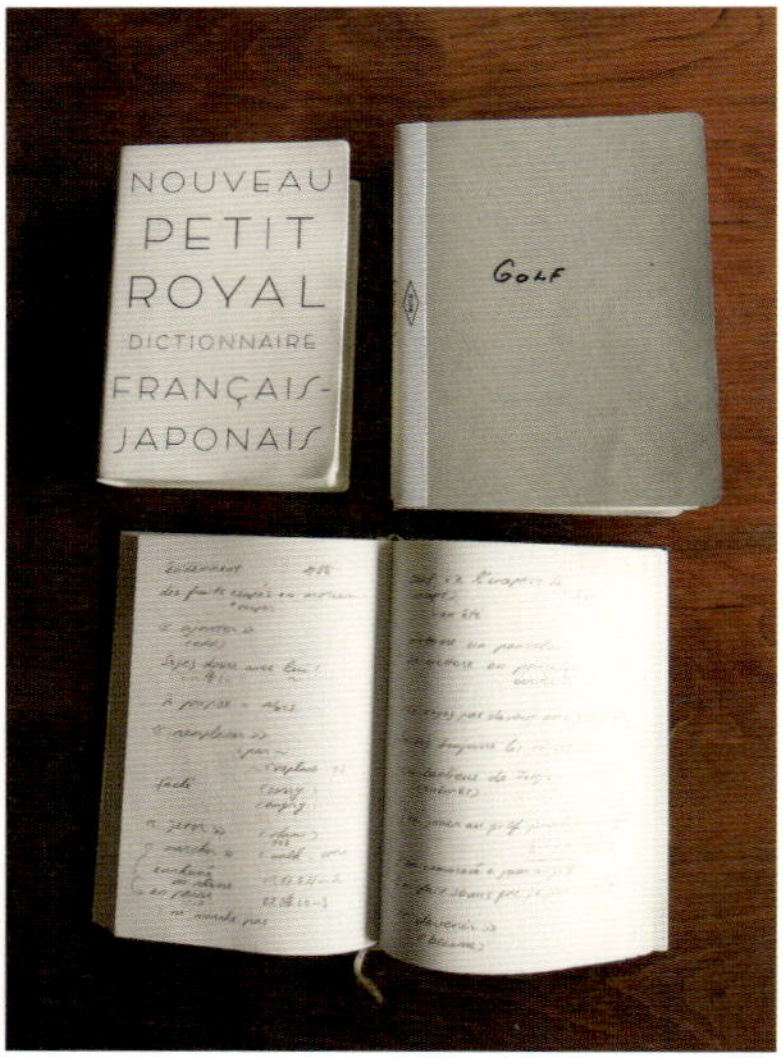

右がターセンの予習・復習ノート、左がカーリンの新月ノート。「書く」が習慣の二人。

毎月、新月の夜。カーリンは願いごとを10個以内、ノートに書き出しています。

何年も続けていると、「自分はこういうことを望んでいるのか」とクリアになるらしい。

「ノートに書くだけで、叶うわけないじゃん」と思うとしたら、それは

そう思い込んでいる自分を、手放すチャンスなんだって！

ターセンは無欲の境地で続いていませんが……。

しかし思い返せばターセンは、「予習・復習」「傾向と対策」といった

受験勉強方式が大好きで、リタイア後にフランス語を習うにしても、

ゴルフをやるにしても、この習慣はずーっと変わっていません。

書くことは文字を通して認識がより深まるし、ノートにまとめることは

頭の中を整理することにもつながっていると思うのです。

視覚的にも問題点を明確にして、ひとつひとつ解決していくのは

新月のときに願いごとを書くカーリンみたいに、

しっかり僕の生き方のベースになっているような気がします。T

カーリンとターセンの一日の過ごし方

犬と暮らし始めてから、「うっかりお昼近くまで寝ちゃったね」ということがなくなりました。夏は5時半、冬は7時に目覚ましが鳴ると、「散歩ですね！」と、ベッドに飛び乗ってくるトトに起こされます。朝食前の30分の散歩は、朝日を浴びて清々しい空気を吸う、貴重な習慣になりました。ターセンはお酒が大好きだから、何となくぐずぐずしていて、朝の担当はもっぱら私かな。

朝いちばんにすることは、仕切り直す意味でも、石けんで手を洗って、舌の清掃と塩うがい。コップ一杯の水に塩を2〜3ふりほど加えた塩水で、うがいをします。「夜書いた手紙は出さないほうがいい」と言われるくらいですから、夜から朝への切り替えの儀式は大切です。朝食が終わったらパソコンや新聞に目を通し、それぞれに洗濯や清掃、ゴミ出しなどの家事をやります。

ちょっと落ち着いたら、お風呂に入ります。お風呂場には普段何も置きません。シャンプーやリンス、石けんといったものは、洗面所の引き出しから持っていき、浴室を出るときに一緒に持って出ます。ボトルについた水滴もきれいに拭き取り、また引き出しへ。最後に出た人が、使ったタオルで風呂場を拭き上げるので（タオルはそのまま洗濯かごに)、カビなどとは無縁になり、特にお風呂掃除と気負わなくてもよくなりました。午前中の仕上げは、玄関の拭き掃除。「今日一日、いいことがいっぱいありますように!」「いつもありがとう」の気持ちを込めて、キッチンペーパー3枚重ねをきゅっと絞って、棚からたたきの順番で、きれいにします。

キッチンペーパーは丈夫なので、玄関全体をきれいにしても、十分持ってくれます。浴室はものを置かず、常に水分を拭いておけば、いつでも清潔。「毎日続ける」がポイントです。

ギャラリーを開く日は、11時過ぎに家を出ます。それぞれに用事や仕事を分担して、今日やることに集中します。夕方のトトの散歩は、主にターセンかな。食べるものは、一日のトータルで考えるの

ギャラリーへの出勤は主に自転車。緑も多く走るのが楽しい通勤路。

で、お昼外食でがっつり食べたら、夜は軽め。おそばやサンドイッチがメニューです。これは子どもたちが独立して、ずいぶん気楽になりました。

食事はだいたい私が作りますが、片付けは100%ターセンがやってくれます。力が強過ぎてコップが欠けたり、お皿が割れたり、流しのまわりがびっくりするくらいびしょびしょになる時代を経て、落ち着いた動きになりました。「僕の変身ぶりはすごいなあ」と、例によって、本人がいちばん感動しています。

夕飯が終わったら、スイッチはオフ。本や雑誌を読む私と、お酒を飲みながら、ゴルフやサッカー、映画、サイエンス番組を見るターセン。そして眠くなったら寝る、そんなことのくり返しです。

「いいな」と思ったことは、すぐに暮らしに取り入れますが、「違った」と思ったら、元に戻せばいい。「毎日必ず」としばられるより、心を込めてやることを優先したいので、抜けることはしょっちゅう。自分にきびしい人は、人にもきびしい。仕事になると話は別ですが、大らかに「まっいいか」って、笑う人のほうがいいなと思うので、「自分も人も、許しまくろうね」と、話しているんです。　K

10年乗り続けているターセンの愛車。

「なじみ」のお店や「いつも」の定番

二人の行きつけ、吉祥寺の名店「リストランテ イマイ」のオーナーシェフ・今井康二朗さん。

ターセンは、好奇心のかたまり。「いつも違う」を求めていました。会社員時代の出張も「乗ったことのない航空会社」と決めていて、現地に深夜に着いてひどい目にあったりしていたな。外食も行きつけを作るより新しいお店を試したいから、だいたい2勝8敗がいいところ。途中からもう、ついて行くのを止めました。

一方私は、ゆっくりじっくり関係を深めて「なじみ」になりたいので、好きなレストランに春夏秋冬通ったり、身のまわりの持ち物も、少数精鋭のお気に入りを集めるのが好き。最近では私のほうがう〜んと得してることに気付いたターセンが、それは見事な変身ぶり。もともと態度が大きいオレ様気質なので、とりわけ特別扱いされています。

そう、究極のサービスって「特別扱い」なんじゃないでしょうか。そしてそうされるためには、時間もお金も必要なんです。店主やスタッフたちと楽しく会話しながら、「これお好きですよね」と出てくる、旬の素材や好みの料理、おすすめのアイテム。これこそ大人の特権です。下着やTシャツ、文房具におやつ、お店だって、「マイ定番」を持っていれば、探したり迷ったりする時間も省けます。もちろん今よりいいものが見つかったら、定番改定。いつも臨機応変で柔軟でいたいものです。

自分の好みのものがまわりにある安心感。上質な作りや素材を手や口にするしあわせ。「大人になって良かったなあ」と、心から思う瞬間です。K

「オールドマンズテーラー」の白のTシャツは、肌ざわりのよさ、
襟ぐりのつまり具合や丈夫さなどが素晴らしく、「今のベスト」と呼びたい一枚。

上／ターセンの究極のアンダーウエア、「モンベル」。夏・冬それぞれ、汗・寒さを感じさせないスゴイ素材。下／カーリン愛用の文房具。「トンボ」の4Bの鉛筆、「ステッドラー」の鉛筆削り、「コクヨ」の原稿用紙。

男だって「冷え取り」しちゃいます

ターセンの冷え取りグッズ。右上が「正活絹」の腹巻き、左上がハンロ、
左下が「cura」のレギンス、「n100」のカシミアのレッグウォーマー。
温かい靴下も、赤をえらべばおしゃれ。

寒がりでむくみやすいカーリンは「冷えていて代謝が悪い」と言われても納得できるけど、暑がりで汗っかきのターセンは「冷えてますよ」と言われても、「んなわけない、何言ってるの？」と思っていた。体力を気力でカバーしながら全力疾走の前半人生、ときどきぎっくり腰になるくらいで、丈夫なほうだった。ところが後半にさしかかると、病名の付かない具合の悪さを経験し始める。人間ドックは三十年間オールA、「おかしいな」と思ったらすぐ検査するタイプだったから、どこも悪くないのに不調な状態に困惑していた。

いろいろやって分かったのは、以前も同じように不調だったとしても、気付かなかったことにして生きてきたってこと。それよりも明日の会議や出張が大事だった。会社を早めに卒業したとき、信頼している鍼の先生からぽつりと、「命拾いしたね」と言われたのが忘れられない。いくら冷えていると言われても、聞く耳を持たなければなす術ない。暑がりで汗っかきのほうが「冷えのぼせ」といって、実は芯から冷えているそうですよ。

今では漢方やホメオパシー、カーリンが見つけてくるおしゃれな腹巻きやレギンスで、どんどん改善されてきた。自分の傾向や体質をよく認識して、冷えを自覚することが大切なんだね。あとは自分に合うやり方で、上手く付き合ったり修正していく。自分の身体も、内臓の位置や形、骨や筋肉のつくり、実は知らないことだらけ。今まで無神経に扱ったことを心からお詫びして、これから大切にすることをしっかり身体に誓ったんだ。T

自分の身体を整える「健康法」

「何を食べよう」「どこに住もう」「どんな仕事をしよう」

いろんな情報を集め、いろんな選択を積み重ねて、今の自分がいる。

なのに具合が悪いとすぐに病院へ行って、言われるまま薬を飲んだり、注射されたり。

どうして健康だけ、人任せにしてしまうのでしょう？

本当にどうしようもないときに、専門の医者に診てもらうのは重要だし、
西洋医学の必要性も身にしみて分かっている。

でもね、日頃から自分の身体をよく観察していれば、歯が浮く感じは疲れのサインとか、
風邪は喉からだなとか、ある程度パターンがあることが分かります。

「身体に良さそうなことは、何でも試してみたい」という性格が大きいとは思いますが、
その何かがヒットして、元気に楽しく暮らせるのなら、何でもやってみて、取捨選択。

いろんな調整法のカードを自分で持っていると、本当に心強い。

ピンときたらやってみる。変化がなければ終了する。

必要とする情報は、耳を澄ましていれば必ず手に入ります。

まずは身体の声を聞こうとする。そんなコミュニケーションがいちばんの健康法です。

K

2012年8月、カーリンは自転車で転んでひどい骨折をしました。今も左足首には、ボルトとプレートが入ったままだ。この頃二人とも何となく不調だったけど、病院で検査しても格段悪いところはなく、めずらしく重くて暗い空気が、家に漂う毎日だった。「これが年を取ることなのか」と、人生で初めて「朝起きても、何もやる気が出ない」という状態を経験したのも、この頃。カーリンからは例によって、「やっと人間らしくなってきたね」なんて言われたけどね。

そのとき出会ったのが、上符《うわぶ》正志先生。副腎から分泌されるホルモンに着目してきた人です。銀座にあるクリニックで早速採血してもらって詳しく調べると、いろんなホルモンが足りていないことが判明。すぐさま自然由来のサプリメントを飲み始めると、みるみるうちに体調が改善されていった。それまで気付いていなかった、遅延型フードアレルギーなんかも判ったりして面白かった。

そんな経験も通じて、西洋医学も東洋医学も「いいとこ取り」で、自分に合う健康法を見つければいいと思うようになった。今僕たちは、「銀座 上符メディカルクリニック」のホルモン補充サプリメントと、ホメオパシー&漢方で不調に対応している。運動やマッサージも組み合わせて、身体の声を聞きながら、食べたいと思うものを食べて、よく眠る。身体は本当に、正直だ。ぜひ手をかけて、大切にしてあげてください。T

僕たちの身体には「治る力」がある

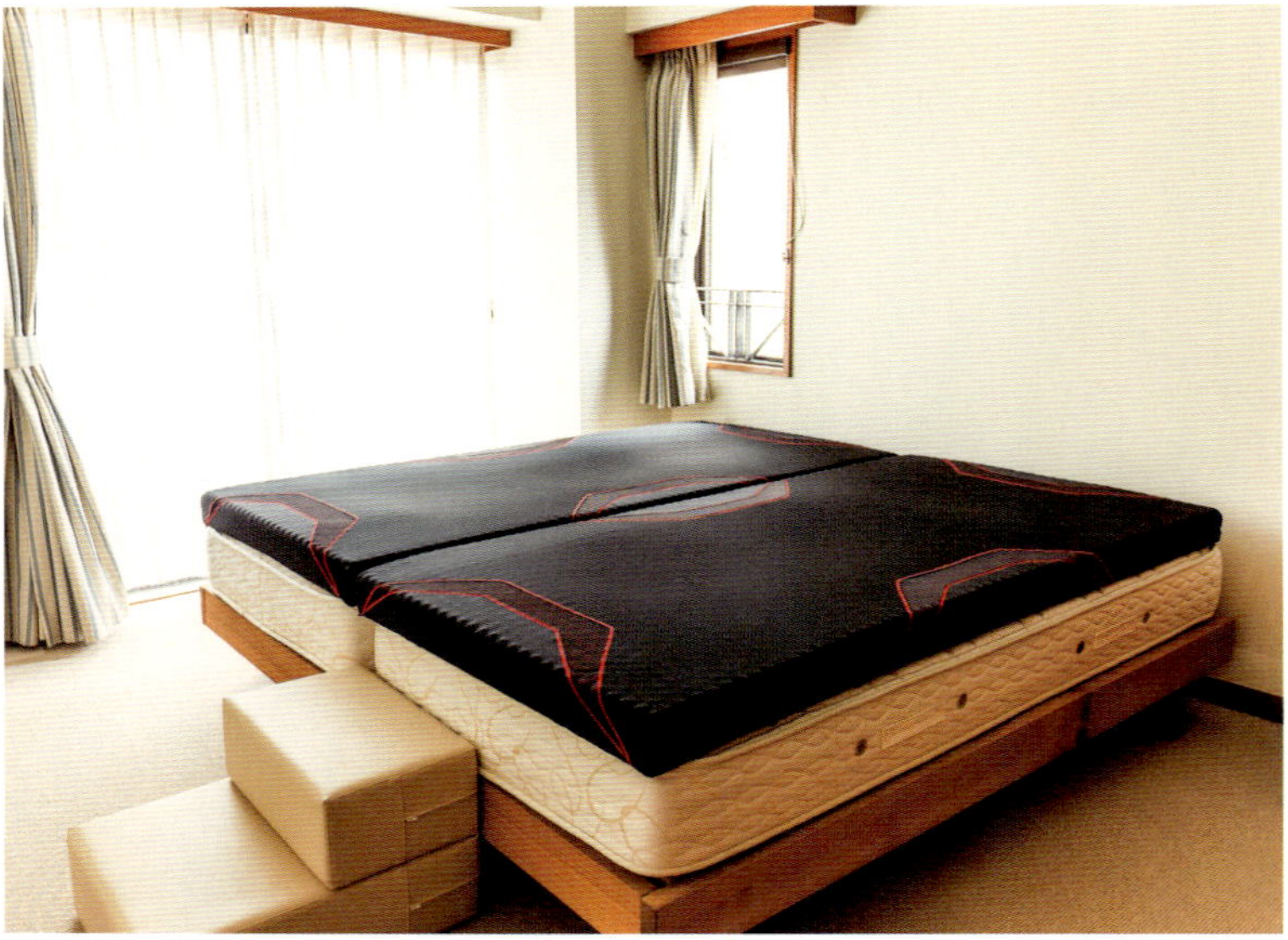

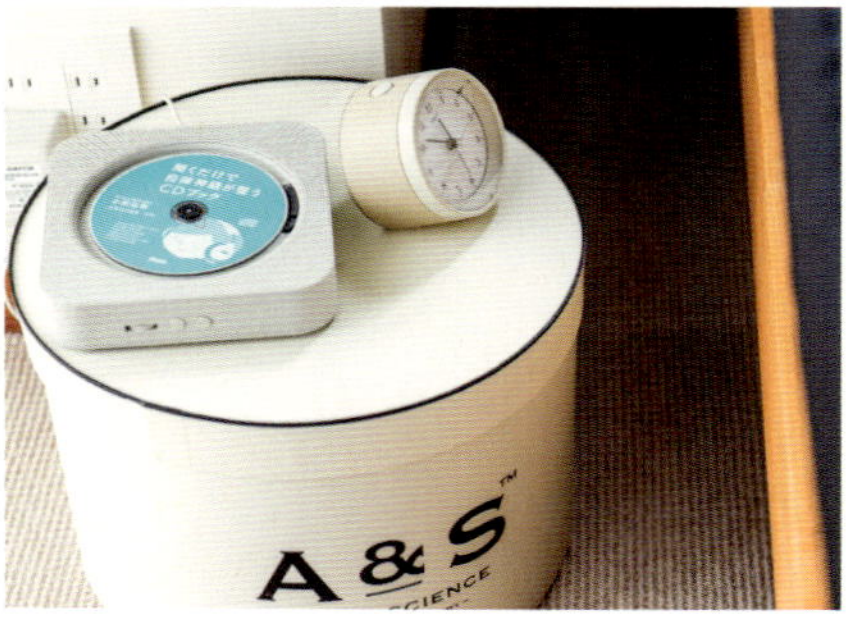

寝具もいろいろ研究してきました。「生活アート工房」のベッドフレーム、「シモンズ」のマットレスに「東京西川」のマットレス「air」を重ねる。これが現在のベストな組み合わせ。安眠用のCDも。

仕事人間だった頃は、分刻みのスケジュールを喜々として駆け回っていたから、会社を辞めてからの空白は、正直ちょっと慣れなかった。でもね、無理矢理何かで時間を埋めるのではなく、退屈や孤独を十分に味わうことにしてみたんだ。ごまかし続けると、なかなか真理には近づけないからね。

嫌なことを遠ざけたり、後回しにしないでしっかり受け止めることは大事だ。人からの評価や、社会的な地位を目標に頑張ることも大切なことだけど、それには本当に終わりがない。一泊だった出張が日帰りになり、どこにいてもメールや携帯電話で絡め取られる現代の暮らし。だからこそ、音や光を消して静寂を味わったり、空を見上げて深呼吸することは、本当に大切なことなんだと思う。

ターセンは「大丈夫、大丈夫」が口グセで、ひたすら前を向いてばかりだったから、若い頃はひどい腰痛持ちだったたし、極度の近眼で、コンタクトレンズの上からメガネをかけているような状態だった。けれどカーリンが見つけてきてくれる治療法や健康法を試すうちに、それらの症状が少しずつ治っていって、いろんなことが理解できるようになった。怒りを溜め込むと腰痛の原因になるとか、目は肝臓と、肺は腸と密接につながっていることとか。心も含めた全体として、身体のことを考えられるようになりました。身体は、よ〜く分かっているんです。そして身体は本当に「治る力」を持っているんです。T

日々のお手入れも、楽しくやわらかく

「パックするわよ〜」。カーリンのひと声に、ターセンは言いなりです。
「いいよいいよ、そんなこと大の男ができるか」って、心の中で叫んでおりますが
何といっても、何もしないで60年。
朝に顔を洗い出したのでさえ、結婚後からだったりするから、その効果は絶大！
「ゼロから」というより、「マイナスから」のスタートなので、
言うこと聞いておいたほうが、得だと気付いた次第。
というわけでその日は、カーリンおすすめのパックを20分。
高密度で奥までじっくりエイジングケア成分がしみ込むらしい。
こうした「おすすめ」をいくどとなく経験させられ、
今じゃすっかり「お手入れ」にも抵抗がなくなっていった。
ところが僕が、「よし、継続は力なりだ」と思って続けていると、
肝心のカーリンは、また別の新製品に移っていったりして……。
それにしても、こういった情報についての感度の高さには
「女性ってすごいなあ」と、頭が下がるよね。T

愛犬・トトのためにドッグフードやサプリメントを研究し、良いと思われるものを試行錯誤、様子を見ながらの日々でした。おかげで目のまわりの茶色いクマは消え、毛並みはつやつや。口にするものや環境で、これだけ変わることに本当に感動しました。数か月してトトに会いに来た息子の驚きようったら……ふふふ。体重6kgの小さい身体で、結果が歴然のその様子に、私たちも改めて「手をかける大切さ」を再認識したほどです。

ターセンはいわゆる昔の男ですから、ケアとは無縁、顔さえ洗わず寝てしまったり、日焼け止めも塗らずにゴルフ三昧の日々でした。さすがに、かさかさやぼろぼろの現実が押し寄せる50代。「このクリーム塗ってみる?」「身体は、毎日石けんでごしごし洗わなくてもいいらしいよ」「お肉を食べていても吸収力が落ちるから、アミノ酸は必要なんだって」。ことあるごとに、こまめに提案。「要らない」「やらない」って言われても、あきらめないで。ちょっと弱ったときはチャンス到来。「これ使ってみたら?」の言葉に素直になるタイミングです。結果が出れば、しめたもの。「いいんじゃない!」「良くなってよかったね」。しっかり記憶に、刻み込ませていきました。今では、食器洗い担当なのでこまめにハンドケアしているし、ゴルフ場では、人にまで日焼け止めを貸すほどの世話焼きぶりです。こうと決めたら徹底してやり通す性格なので、今や私よりケア好きかもしれません。K

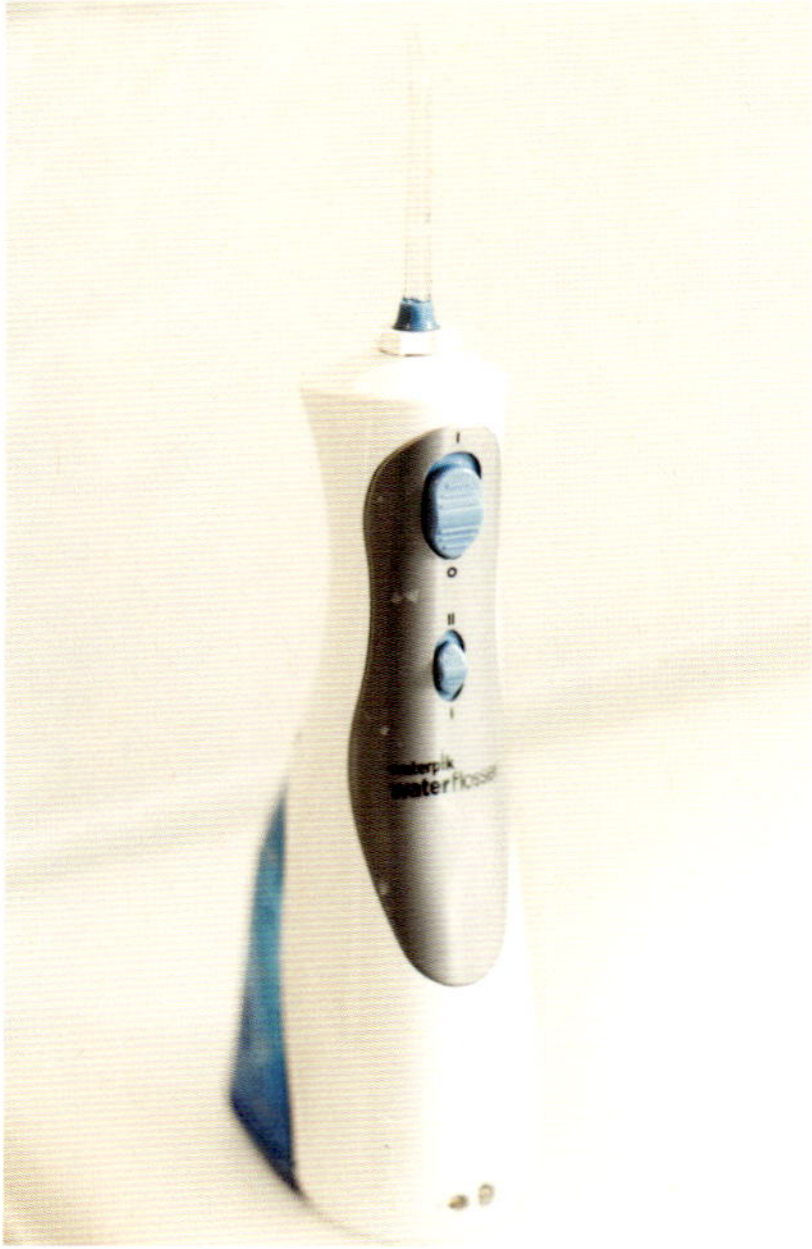

右上／水圧と振動で歯と歯茎を掃除する「ウォーターピック」。左上／ターセンの薄毛対策には「CAC」シャンプーと「薬用ポリピュアEX」。本当によく効く！　右下／カーリン最近のお気に入り、女医さんが開発した美容クリーム「ソリーソ」。

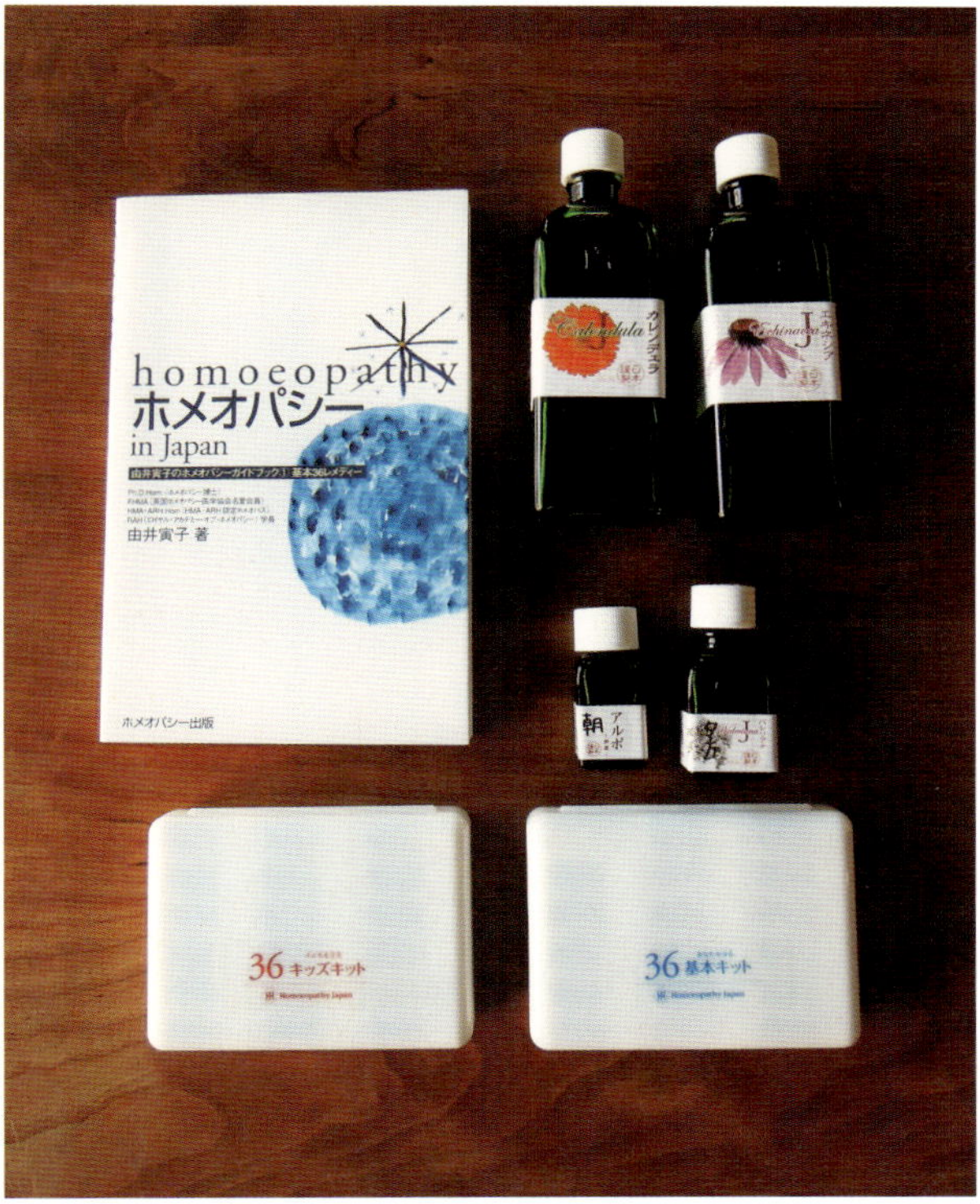

左／ホメオパシー（自然治癒力を喚起するドイツ生まれの療法）グッズ。白のケースは基本のセット、小瓶は調合してもらったもの。右下／朝、肌や髪の手入れをしているとき、ついでに足裏をマッサージします。左下／遠赤外線で脚を温める「フジカ」の「スマーティレッグホット」。

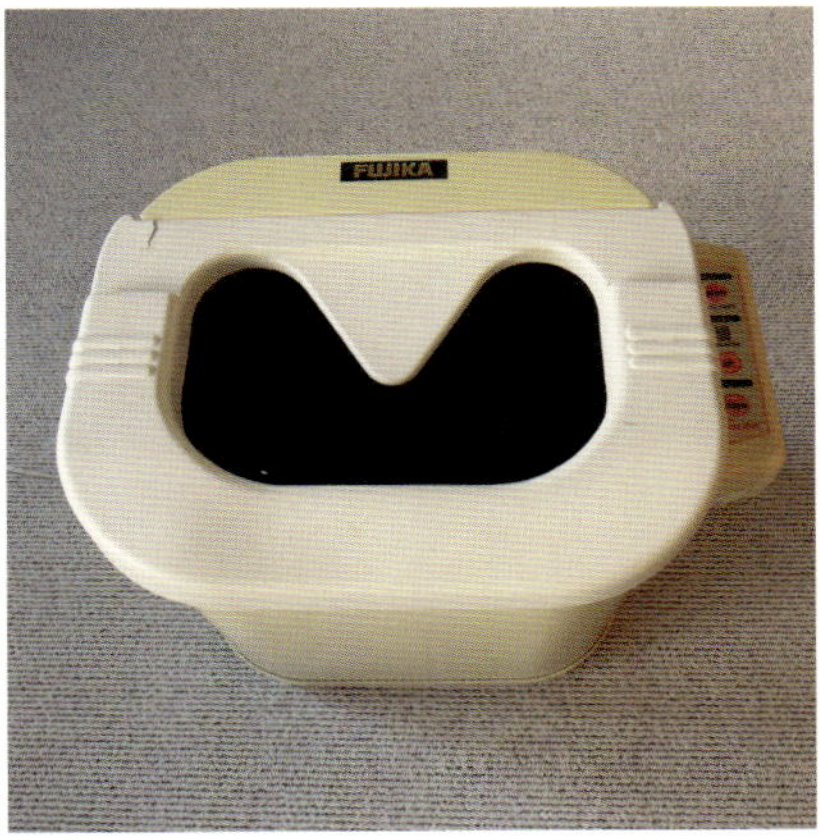

4章

パン屋とギャラリー、吉祥寺

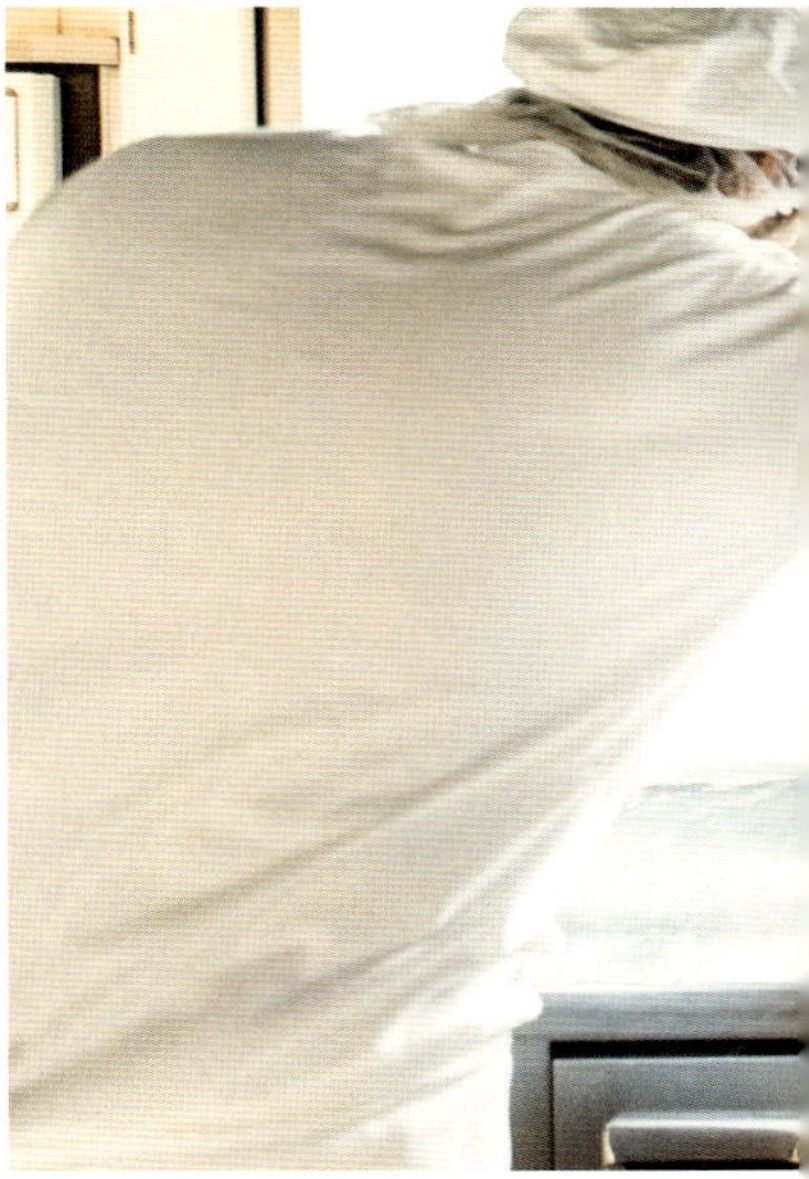

「10年後」という名のパン屋

「ダンディゾン」、フランス語で「10年後」という意味のパン屋を作りました。

2003年4月5日開店です。「2・3・4・5」。ね、絶対忘れないでしょ。

本当に10年経った2013年は、感慨深かったなあ。

しっかり喜んだら、さあ、次の10年。

そうやって積み重ねていく年月が、街の風景を作っていくもの。

そのことを目標に、一日一日ベストを尽くします。

飲食業もお店の経営も、素人だった私たちのことを、たくさんの人が助けてくれました。

そして素人だからこそ気が付く、できる、たくさんのことを改善・改革してきました。

暮らし方も働き方も、自由に選べる時代だからこそ
たくさんのパン屋の中から「ダンディゾンへ行こう」「働こう」と思ってもらえる、
そういう場所にしたいと、強く思ってやってきました。

10年前のあなたは、10年後の今のことを想像できていましたか？

人生何が起こるか、分からないものなんです。

自由に大きく、自分の未来、自分の「10年後」を想像して楽しんでみませんか。

K

買い手と作り手の距離を近づけたいとの思いから、売り場からも厨房が見渡せる設計に。

ビジネスマンとして、エリート街道まっしぐらな30年。それなのに、常にワイフはきびしいひと言。「その仕事は、人をしあわせにしているの？」。「モチロンだ！」と、突っ走ってきたけれど、振り返ると反省も多かった。早期リタイアすることを決めたあと、「さてこの先、何をやろう」と考えていたところ、カーリンから「大好きな吉祥寺に、パン屋を作りたい」という提案が。アイデアを出すのはカーリン、それを実現する手段を考え、実行に移すのは僕。二人三脚で、思いを実現するために頑張った。

飲食は経験もないので、右も左も分からず、でも「おかしいことは、おかしいぞ」と、話し合いながら、ここまで来た。毎日食べるパンだからこそ、「美味しくて、身体にやさしい」を大切にしたい。信頼できる生産者から届いた厳選した材料を使い、素材の持ち味を大切に、少量ずつこまめに焼き上げていく。木村昌之シェフをはじめとした、作り手の「本当に美味しいものを作りたい」という真摯な姿勢に応えようと、お互い努力を積み重ねてきたけれど、オーナーとシェフたちが対等であり、尊敬し合えるいいパン屋になってきたなと、最近ようやく思えるようになりました。すごく忙しいんだけど、スタッフたちは笑顔を絶やさず生き生きとしていて、いろんな業者さんたちとも深い関係を築くことができた。カーリンが最初から言っていた、「かかわる人たちが、みんなしあわせな場所」の輪郭が、見えつつあることを実感している昨今です。T

下／二人が特に好きなパン。カーリンは香ばしい雑穀パン「ニーム」やチーズ味の「フック」、キューブ形のスコーン「カプラ」。ターセンは白ごま入りの「パヴェ」や「クルスティヨン」など。

しあわせを運ぶ「そら豆」

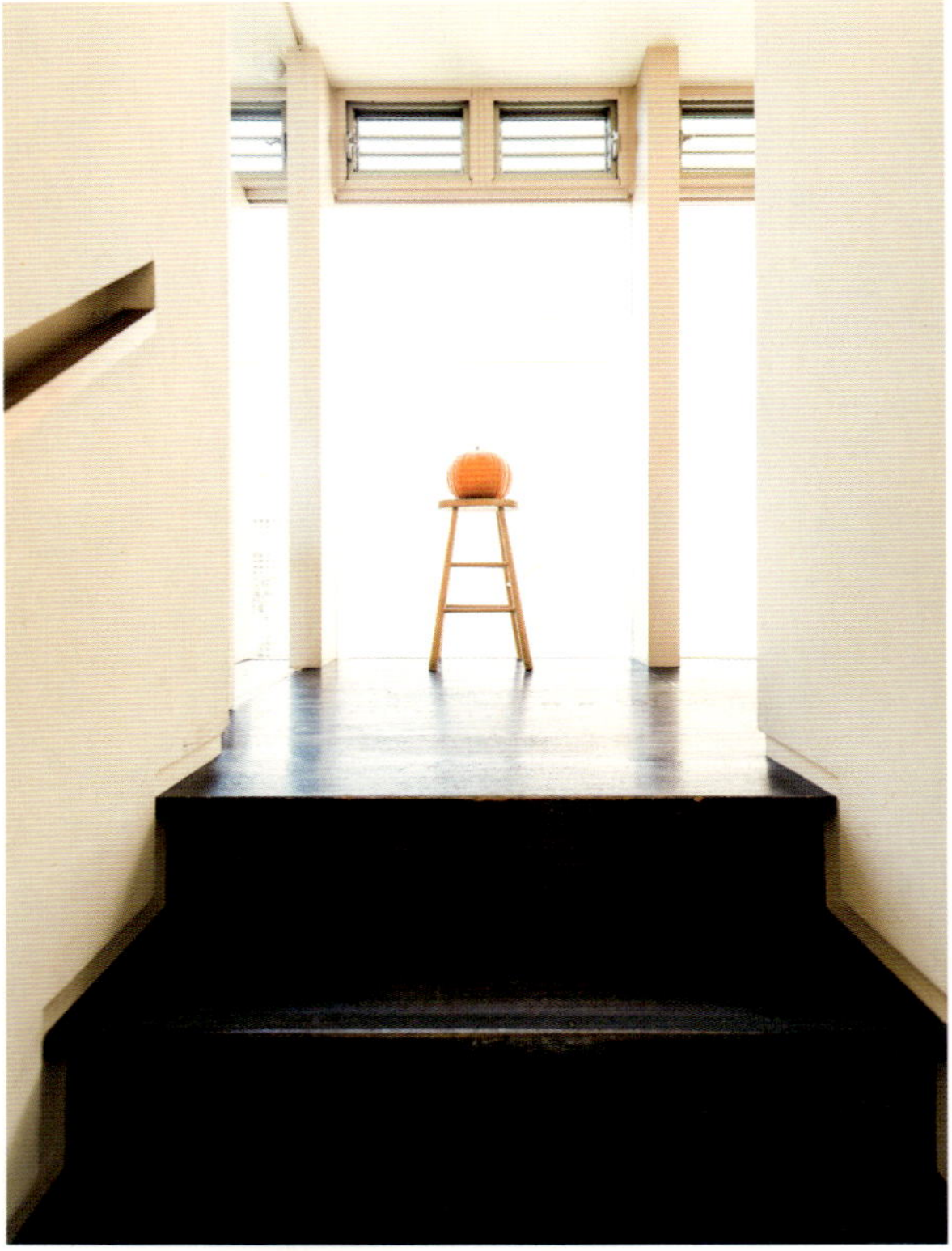

「ギャラリーをやろう」と決めてから、名前をどうするか随分迷った。

英語やフランス語の辞書を片手に、好きな言葉を書き出しては、
ああでもないこうでもないと、子どもの名付けより苦戦したかもしれないね。

天に向かって勢いよく実をつけるそら豆。

「ガレット・デ・ロワ」というお菓子に入っている、幸運のしるしが昔はそら豆だったこと。

何より僕の大好物だったこと。それが決め手となって、
フランス語でそら豆という意味の、「フェブ」になりました。

「楽しかった」「嬉しかった」がひとつでもあると、
しあわせな気持ちで一日を終えられるよね。

ギャラリーを始めたのは、それを感じられる場所を作りたかったから。

並ぶ作品は、日常の延長上にある、生活の中のアート。

目にするたびに、手にふれるたびに、毎日の暮らしが少しだけ素敵になる……。

そんな提案ができる作品を、紹介したいと考えています。T

白が貴重のシンプルな室内ですが、窓が大きく、季節や時間帯によって、明るさや色が刻々と変化します。

ギャラリーでの「展らん会」が終わると、作品の発送作業が待っています。ラッピング名人のカーリンがやることがほとんどだけど、ターセンだって、ガムテープ貼りくらいはやります。いくつも包んでいると、「本当にたくさんの人が来てくれたんだなあ」「これだけの作品を、時間をかけて作ってくれたんだなあ」と、またひとしきり感じ入ります。

映画『地球交響曲／ガイアシンフォニー第六番』に出てくるピアニスト、ケリー・ヨストが、自分の演奏を車の中で聴いて涙してしまうように、自分でやったことなのだけど、自分というエゴが小さく小さく小さくなって最後には手放すことができたとき、本当に「いいもの」ができるのではないかな。フェブで展らん会をやる作家たちは、みんなそういうスピリットを持った人たち。「私がやった」と同時に、「やらせてもらった」とでもいうように、作ることが楽しくて仕方がないといった感じです。年齢に関係なく、そういった人たちと時間を共有することが、心から大切に思える。

ビジネスマン時代は数字がすべての世界で、それを達成するためにあくせくしていた。戻る気持ちはまったくないけれど、そこで得た「ビジョンを描き、計画を立て、実行に移す」ための技術は、今も大いに役立っているし、ギャラリーに関わる人たちとも、その知識を共有していきたいと思っている。両方の世界を知れたことが、本当によかったと思っているターセンです。T

ギャラリーを開いて10年を過ぎ、開催した展らん会も200回近くなりました。
過去のDMを眺めていると、そのときどきの思い出がよみがえります。

美しいこと、
美味しいことを
生業に

「美しいこと」「気持ちいいこと」「使いやすいこと」。
これがカーリンのもの選びの優先順位だとすると、逆にしたのがターセンの順位です。
人が大切にしていることや、ものごとの価値観は、実にさまざまで、
夫婦も日々の暮らしの中で、互いに譲ったり譲られたりが日常だ。
でも「美味しいこと」は二人の共通の、何よりも最優先される大切なこと。
そして僕たちが「美味しい」と思うのは、高級食材でも珍味でもなく、
愛情がたっぷりと注がれたもの。
時間も手間も惜しまずに、「美味しくな〜れ」と育てられ、調理されたものなのです。
その小さな、いえいえ、大きな違いを毎日の食卓で味わうことが、最高の喜び。
どんな高級なレストランに行くよりも、わが家でその喜びを共有できることが、
何よりもしあわせを感じる瞬間だね。
そして、パン屋で「美味しいこと」、ギャラリーで「美しいこと」。
このふたつを仕事にできたことが、人生最大の誇りでもあります。T

ビルの外観は「ずっと前から建っていたかのような」印象にしてくれる、やさしいピンク色を選びました。

「何もしない」場所が、街には必要だ

街中を10分ほど歩くと、ぽっかりと開いた吉祥寺西公園。
むやみに建物を増やすより、
こういう憩いの場を残してくれたことがうれしいです。

中道通りをぐんぐん進んで、スーパー「紀ノ国屋」の裏手にある吉祥寺西公園。
ここにある大きなコブシの木は、一年おきにしか咲かない。
今にも朽ちてしまいそうな老木なので、春になると、
「今年は元気に咲きましたね」というのが挨拶になるほど。
かつてこの場所は、旧大蔵省の所有地で
うちのビルの設計もしてくれた建築家・新関謙一郎くんたちが「どうするべきか」という
武蔵野市の問いかけに、「何も建てない」という提案書を書いたことから、
公園として市民のために開放されるようになった。
最近は公園まわりにおしゃれなお店も増えてきて、街の新名所になりつつある。
わが家から徒歩10分ほどの場所にある、武蔵野中央公園、通称「グリーンパーク」も、
かっての中島飛行機製作所跡を、多くの人の意見を聞いて「原っぱ」にしてくれた。
空き地や原っぱって、本当に街には必要だ。
何もしない、何も建てないという選択をしてくれる武蔵野市。
住みたい街になるはずだよね、ターセンはそう思う。 T

何度思い返してみても、大正通りを少し入った小径の先にパン屋とギャラリーを作れたのは不思議なこと。何がベストか考え、目の前のことをひとつひとつ積み重ねた結果かもしれませんが、本当にキセキです。不動産が手に入るタイミングはいつも、大きな「縁」の力が働いて、あちらもこちらも気持ちよく、無理がありません。壮大なしあわせ計画のもと、夢と希望でパンパンにして、執着しすぎないことが秘訣なのかもしれません。

ビルが建ち、無事にいろんなことがスタートしましたが、隣にぽっかり空いていた土地が競売にかかることに。「いい人が買ってくれるといいなあ」と、祈ることしかできない……と思っていたら、ふと下りてきたのです。「企画書、作ろう！」って。それから空き地に種をまき、虫取りに来た子どもたちの写真を撮り、「大正通り公園計画書」を市に提出しました。武蔵野市は緑化に力を入れているのを知っていました。だから「できることを、悔いのないようやりきろう」、そう思って出した企画書でした。

「市が買い上げ、公園にすることになりました」。あの日の電話は一生忘れられません。あとから知ったことですが、花屋の友人「ジェンテ」の並木容子さんも「こんな公園が欲しい」とスケッチを描き、送ってくれていました。知らないところでたくさんの人の願いだったのかもしれません。野原や公園は、五感が深呼吸できる大切な空間です。砂漠の中のオアシスみたいな、街中の泉。泉が多いほど街と人が元気なのは、言うまでもありません。K

公園で遊ぶ子どもたちや、パンをほおばる家族などの様子を窓から眺めていると、
何とも言えないしあわせな気持ちに。

同じ街に住む人は、大きな家族

「4ひきのねこ」の河田悠三さん。
花に値札や名前を付けず、冷蔵庫に入れないスタイルは、当時革新的でした。

花屋「4ひきのねこ」の店先にあるテーブルは、実は臼をひっくり返したもの。

せっかくだから本来の使い方をと、2007年から始まった餅つき。

2年目からはターセンも本格参加するようになった。

その後は新しくお店を構えた店主たちも加わるようになって
新旧交ったいいコミュニティが生まれつつある。

ここ大正通り界隈は、その道のパイオニアである店がたくさんある。

ヨーロッパの美しい玩具を扱う「ニキティキ」、
天然素材を使ったオリジナルウエアを販売する「タイガーママ」。

30年以上前、誰もやったことがないことを始めた人たちです。

昔は誰もやってないことがたくさんあって、いい時代といえばいい時代だったかもしれません。

でもね、始めるのは割とカンタン。難しいのは、それを続けること。

続けてみるから、分かること。続けてみないと、分からないこと。

そしてそういうことは、たいてい予測のつかないことなのです。

餅つきだって、続けることが大切なんだな、きっと。T

2015年秋に挙げた娘夫婦の結婚式は、仕事柄、イベント方式ということもあるけれど、招待客が何と400人。フェイスブックやライン、インスタグラムというツールがあるからこそだね。どんどんつながって広がっていく現代社会。良いところもあるけれど、人間の許容可能な範囲をゆうに超えている気もしている。ターセンは還暦を過ぎて、同世代みんなの肩書きがはずれ、また中高・大学の友人たちとの付き合いが復活した。高校卒業50周年の同窓会は、幹事もやって楽しかった。でもやっぱり友人と呼べるのはそんなには多くない。

吉祥寺だって僕がお付き合いしているのは、東急裏の狭いサークル。狭いところの、細くて長〜いお付き合いです。人気の街だから、簡単にお店ができて、くるくる入れ替わってしまうけど、始めるからには3年・5年・10年と、しっかり街に根ざして欲しいもの。昔から「石の上にも3年」なんて言うけど、続けることで見えてくることがあるんだよね。続けることで見えなくなってしまうことを、指摘してくれるのが本当の友人。関わった吉祥寺の一角を、ひとつの家族のように思って、大切にしたいと思っている。そんな空気感があるから、この街が大好きなんだ。T

ホメオパシーセンター「吉祥寺フィリア」では、
お天気のいい日に、教会の十字架ごしの富士山という奇跡のような眺めが見れます。

井の頭自然文化園の中にある北村西望の彫刻園。
あまり知られていないけど、カーリンの大切な秘密の場所です。

2歳の頃、生まれた東京・目黒から、九州・博多へ、家族で移住しました。まるで記憶にありませんが、先に引っ越していて、久しぶりに会った父に抱っこされて、大泣きしたと聞かされています。そういえば息子も、2歳半のとき、転勤でサンフランシスコに引っ越しました。子どもは大人の都合に振りまわされますが、大人になったら、どこへでも好きなところへ引っ越せます。好きな仕事に就いて、好きな人と結婚して、インテリアも洋服も、食べ物も自分で選べます。ああ、大人になって本当によかった（笑）。

ターセンの海外赴任から帰国して、彼の実家に居候して、家探しをしました。実家は中目黒でしたから、その周辺と考えそうなものですが、縁あって「吉祥寺に住もう」と決めたのは、もう30年も前のこと。どことなく、ふるさとの福岡に似ている吉祥寺。街にはいろんな世代の人たちが当たり前に暮らしていて、お店をしている人たちは、自分のことと一緒に、街のことも考えている。そんな穏やかな空気が大好きです。

私にとって、家はいちばん大切な場所。だからこそ家は、健やかで清々しい場所にあってほしい。ギャラリーから自宅まで自転車をこぎながら、いつものキンモクセイやくちなしの香りを嗅ぎながら、「ここに住んで良かったなあ」と思っています。結婚して都心で暮らしていた息子や娘夫婦も、そろそろ吉祥寺に引っ越してくる気配。「やっぱり住むのは吉祥寺」。そんな風に思っているようです。K

上／「竹爐山房」山本豊さんが作る中華は二人の大好物。花山椒たっぷりの「麻婆豆腐」は風邪退治に欠かせない一品です。右／3週間に1回、ターセンの髪を切ってくれる「nocca」の水野完治さん。一人でシャンプーから仕上げまでを行います。下／吉田順さんの「ヨシダゴハン」はデミグラのハンバーグやオムライスなどの洋食が絶品。

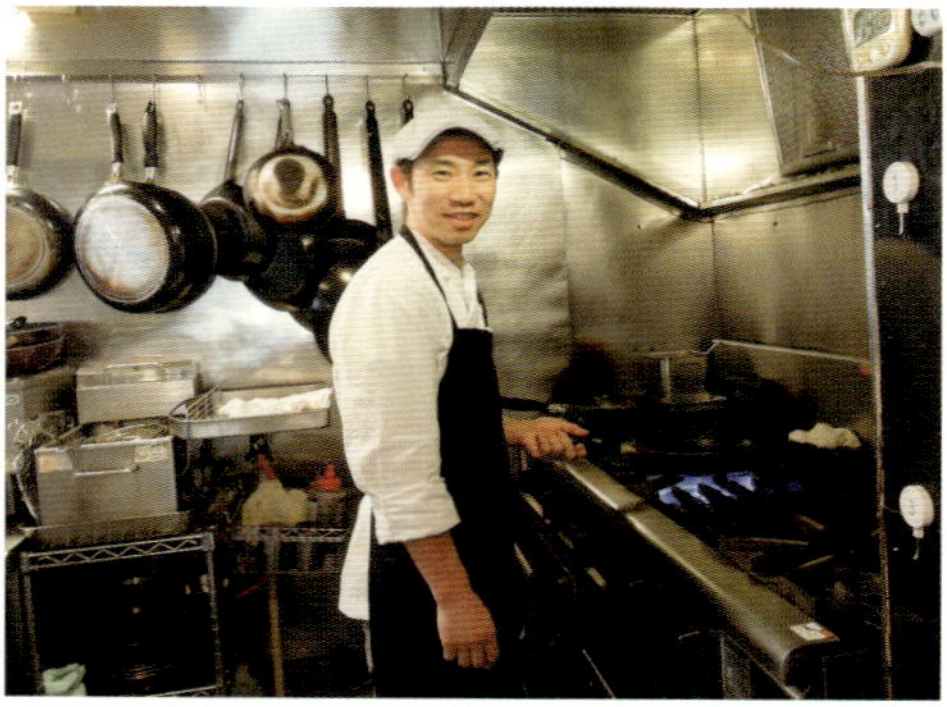

左／横山夫妻が営む「プロム・ナドゥ」は、古道具や器だけでなく、服のラインナップも充実。下／「ジェンテ」の並木容子さんは、これからの夢を語り合える大切な友人。2015年に移転して、お店もちょうどいいサイズになったそう。左下／「ぺパカフェ」から独立した田浦達士さんのカレー屋「ブルーバード」の「ドライカレー」はフェブ弁の定番。

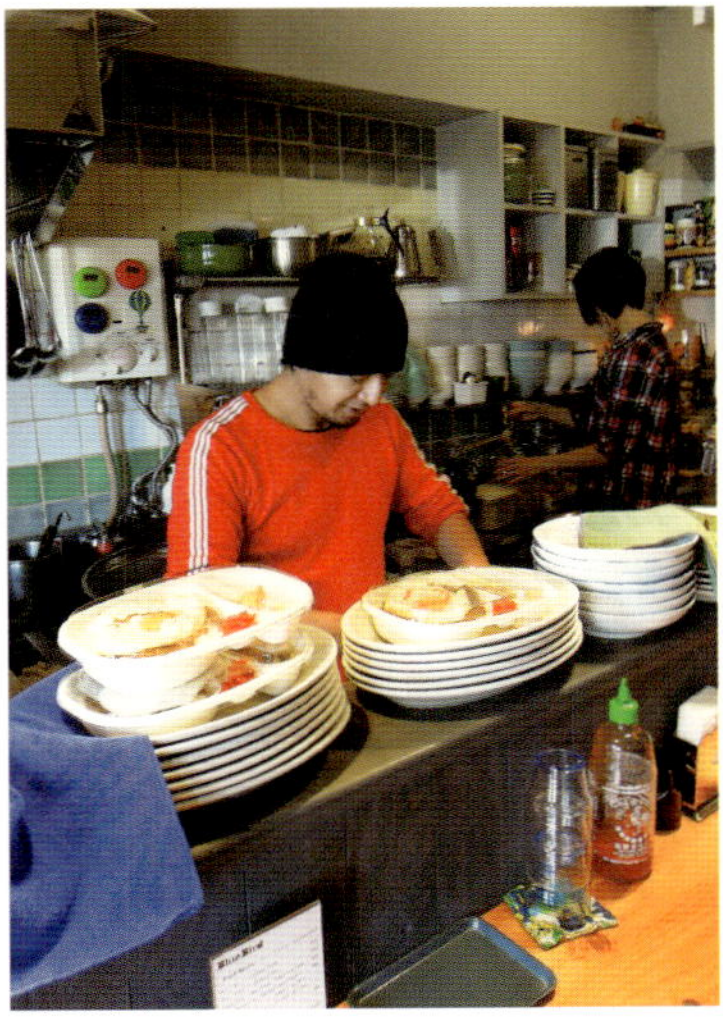

おわりに

服部みれいさんの本に（ターセンは、カーリンおすすめの本を結構読みます）、「人にはグーの人と、パーの人がいる」と書いてありました。グーの人は頑ななので、人の言うことを受け入れるのが苦手です。そう考えると、ターセンは完全にパーだと思います。

モーレツ会社員から、パン屋＆ギャラリーオーナーへの転身を驚かれることが多いけど、カーリンのアイデアは本当に面白かったし、ワクワク楽しくて、「よし次は、カーリンをサポートして行こう」と決めたのを覚えています。そうしたら面白い人たちにたくさん出会えて、それまで培った知恵や知識も生かされて、いいことばかり。この本の写真を撮ってくれた近藤篤さんは、普段はサッカーの国際試合やアスリートを撮るカメラマンなんだけど、快く仕事を引き受けてくれて、素敵な写真をたくさん撮ってくれました。

「自分はこうだ」と決めつけず、軽やかに自由でいると、人生の可能性がどんどん広がる気がします。「そんなこと言ったって」と思うのなら、まずは試しに「そうかもしれないな」と思ってみるのはどうでしょうか。

柔軟な思考力が身に付くと、人生う～んと楽しくなりますよ。今でも会社員時代にもらった社訓の「THINK」と刻まれた置き物を見るたびに、「頑なになっていないか？」と、自分に問いかけています。

最後に映画監督の龍村仁さんが教えてくれた、アメリカのラインホルド・ニーバー牧師の言葉を紹介します。

変えられることを変える勇気と
変えられないことを受け入れる寛容さ
そのふたつを見極める叡智を与えたまえ

これからも僕は、ずっとパーで生きて行きたいと思っています。そしてこの本を最後まで読んでいただいたことを、心から感謝します。

ターセン

食卓の席が横並びだったり、向かい合わせだったり。夫婦の関係にもいろんな時間がありました。二人で同じ目的に向かって協力した子育ての時間。向かい合う席はお互いの動きや表情が視界に入るので細やかに相手のことを観察できます。もう席替えやクラス替えとは縁がないけど、暮らしの中でいろんな時間を重ねて来ました。そのことを本にしていただけるなんて、本当にびっくりありがたいことです。

編集の包山奈保美さん、デザイナーの縄田智子さんと私は、姉妹校出身で、同じ校章をつけて通学していたことが判明。そうしたら何と、ライターの田中のり子さんのお祖母さまが「かつて、そこの学校の体育の先生でした」って！　不思議なご縁でした。

いくつになっても美しい校訓を胸に、軽やかに人生を生き抜いて行きたいと思います。

2月の新月の日に。

カーリン

徳においては純真に
義務においては堅実に

P85

- みつこじ スコーン
http://mitsukoji.com/

- フードムード チョコココナッツクッキー
http://foodmood.jp/

- かえる食堂 松本朱希子 レモンケーキ
http://www.kaeru-shokudou.com/

- tiroir 高吉洋江 キャロットケーキ
http://tiroir-2005.tumblr.com/

P108

- リストランテ イマイ
http://www/ristoranteimai.com

P110

- THE DEAR GROUND
（オールドマンズテーラー） Tシャツ
☎0555-73-8845

P112

- ハンロ（ワコール）レギンス
http://store.wacoal.jp/

- cura レギンス
http://www.silcura.net/

- n100 レッグウォーマー
http://n100.chips.jp/

- 正活絹（スイートサイト） 絹腹巻
http://www.naturalwear.jp/

P115

- 銀座 上符メディカルクリニック
http://www.uwabu.com/

P116

- 生活アート工房 スリットベッド
http://www.s-art.co.jp/

- シモンズ マットレス
http://www.simmons.co.jp/

- 東京西川（西川産業） エアーSIマットレス
http://www.nishikawasangyo.co.jp/

P120

- ウォーターピック
＊「アマゾン」「楽天」などで購入可能。

- CAC化粧品 エヴィデンス
スーパーヘアー＆ボディシャンプー
http://www.cac-cosme.co.jp/

- 薬用ポリピュアEX
http://529270.com/html/page51.html

- ソリーソ クリーム
https://sorrisoshop.com/

P121

- フジカ スマーティ レッグホット
http://www.smartyclub.net/

P144

- 4ひきのねこ
shop@yonhikinoneko.com/

P147

- 吉祥寺フィリア
（ホメオパシーセンター東京吉祥寺御殿山フィリア）
http://kichijoji-philia.com/

P150

- 竹爐山房
http://www.chikurosanbou.com/

- ヨシダゴハン
武蔵野市吉祥寺本町2-34-15
☎050-1122-8666

P151

- プロム・ナドゥ
http://www.promenade-shop.com/

- ジェンテ
http://www.gente.jp/

- ブルーバード
http://www.bluebird70.com/

問い合わせ先

P26
- ブロカント
http://www.brocante-jp.biz/

P36
- 大益
武蔵野市吉祥寺本町4-13-2
☎0422-21-3235

P44
- スタンダードトレード
http://www.standard-trade.co.jp/

P54
- トゥモローランド吉祥寺店
http://www.tomorrowland.jp/

P60
- TONE
http://tune-inc.com/

P74
- 築地御厨 やさい塾の宅配セット
http://www.yasaijyuku.com/

P77
- 超電水　クリーンシュシュ
http://www.denkai.com/

- 緑の魔女 食器用洗剤・洗濯用洗剤
http://www.mimasu-cc.co.jp/01/

- 白雪ふきん
http://www.shirayuki-fukin.com/

- 野田琺瑯 ホワイトシリーズバット
http://www.nodahoro.com/

P79
- 錦自然農園
http://www.fruitshop.jp/

- 永井農場
http://www.nagaifarm.co.jp/

- 瀬川りんご園
http://users.catv-mic.ne.jp/~ohzappa/apple.html

P80
- 式亭(ミリエーム) 水ぎょうざ
http://www.millieme.jp/

P82
- ピエトロ・ロマネンゴ(ノンナ&シディ)
ミントフォンダン
http://www.nonnaandsidhishop.com/

- マルシェ ド レモン グレープフルーツセクション
ルビー
http://www.e-lemon.jp/

- いちのみやママ工房 白桃のシロップ漬け
http://www14.plala.or.jp/mamakobo/

- ラ・メゾン・ド・ミエール・ナミキ
松ヤニ入りのはちみつキャンディ
http://shop.maisondumielnamiki.net/

P83
- 焼肉すどう 〆カレー
http://sudo.shop-pro.jp/

- 豆屋茜 煮豆
福岡市中央区薬院3-8-9 ☎092-515-2199

P84
- ポチコロベーグル レモンスクエア
http://www.pochicoro.com/

- アトリエタタン バスクのチーズケーキ
http://tatinweb.com/tatin/home.html

- ミスルトー 奥田香里 ドライフルーツケーキ
@mistletoe_tea(Instagram)
＊お菓子はイベントなどで不定期販売、
情報などはインスタグラムでチェックを。

- 桑原奈津子　スコーン
@KWHR725(Twitter)
＊お菓子はイベントなどで不定期販売。
情報などはツイッターでチェックを。

ブックデザイン　縄田智子 L'espace
撮影　近藤篤
カーリン＆ターセン P21、30、34、49、72、75、77〜85、92左右上、102、111〜112、
120下〜121、129下、135、150〜151、153、155
校正　麦秋アートセンター
編集　田中のり子
包山奈保美（KADOKAWA）

◎ギャラリーfève
東京都武蔵野市吉祥寺本町2-28-2 2F　TEL 0422-23-2592
12：00〜19：00　水曜定休　＊展らん会開催中以外は休廊
http://www.hikita-feve.com

◎ダンディゾン
東京都武蔵野市吉祥寺本町2-28-2 B1F　TEL 0422-23-2595
10：00〜18：00　火・水曜定休
http://www.dans10ans.net

引田かおり・ターセン
かおり　1958年東京生まれ。元・専業主婦。
ターセン　1947年東京生まれ。元・IT企業勤務。
結婚35年、山あり谷ありの楽しい日々。
2003年吉祥寺に、ギャラリーfèveとパン屋ダンディゾンを開いてから、
人生後半ますます面白くなってきている。
一男一女あり。

著書『私がずっと好きなもの』引田かおり著（マイナビ刊）
ブログ「ターセンの光年記」http://hikita-feve.com/diary

しあわせな二人

2016年2月19日　初版第1刷発行
2016年4月21日　　　第3刷発行

著　者　引田かおり・ターセン
発行者　川金正法
発行所　株式会社 KADOKAWA
〒102-8177　東京都千代田区富士見2-13-3
0570-002-301（カスタマーサポート・ナビダイヤル）
年末年始を除く平日9：00〜17：00まで
印刷・製本　図書印刷株式会社

ISBN978-4-04-068102-3　C2077

http://www.kadokawa.co.jp/